구글을 가장
잘 쓰는
직장인 되기

구글을 가장
잘 쓰는
직장인 되기

클라우드 컴퓨팅 시대의 업무 혁신전략

우병현 지음

To Be World's Best Googler

책을 시작하며
일과 삶의 균형을 위한 '구잘직 프로젝트'

'업무시간에는 효과적으로 맡은 일을 처리하고, 나머지 시간은 나를 위해 쓰고 싶다.' 이것은 아마도 모든 직장인이 품은 소원 중 하나일 것이다. 하지만 현실은 우리의 바람과는 늘 반대로 흘러간다. 아무리 열심히 해도 업무는 계속 쌓여가고, 결국 개인시간은 야근과 특근으로 침해받는다.

조선비즈는 이러한 업무환경의 고질적 문제를 극복하고 조직원 개개인의 '일과 삶의 균형work-life balance'을 유지하기 위한 방법으로 일명 '구잘직 프로젝트'를 시행해왔다. 이 책의 제목이기도 한 '구글을 가장 잘 쓰는 직장인 되기'가 그것. 온라인을 적극적으로 활용한 업무환경 구축을 통해, 효율을 높이고 시간을 절약할 수 있는 활로를 모색한 것이다.

즉, 이 책은 조선비즈의 모든 구성원이 회사 IT시스템을 처음부터 구축하고 3년 동안 운영하면서 얻은 생생한 경험과 노하우를 담고 있다. 일과 삶의 균형을 이루고 싶어하는 직장인들이, 디지털 마법을 이용해 매일 쏟아지는 일거리를 업무시간 안에 효과적으로 처리했던 현장의 이야기다. 필자는 관리자인 동시에 실무자의 입장에서 이 책의 전체내용을 정리했지만, 각 꼭지에는 마케팅, 인사총무, 교육 등 각 분야 실무자의 실제 경험담을 그대로 담았다. 우리가 어떻게 디지털 마법을 통해 삶과 업무의 질을 바꿀 수 있는지를 생생하게 보여주고 싶었기 때문이다.

한 가지 밝혀두자면, 책의 제목에서 '구글'은 어디까지나 '디지털 기술'을 상징하는 메타포다. 구글이라는 말 대신 IT, 웹오피스 web office, 클라우드 컴퓨팅 cloud computing이라는 말을 사용해도 무방하지만, 그것이 여전히 IT를 어렵게 생각하는 독자에게 거리감을 느끼게 할 위험이 있다고 판단했다. 어떤 단어를 쓰든 결국 이 책이 주고자 하는 가장 중요한 메시지는 '디지털 기술로 아낀 내 시간을 나와 가족을 위해 사용하자'는 것이다.

이 책은 삶의 균형을 회복하고 싶은 모든 직장인을 위한 책인 동시에 IT에 대한 고정관념을 갖고 있는 모든 경영자를 위한 책이기도 하다. 경영자는 자신이 경영하는 조직의 구성원들이 삶과 일의 균형을 이룰 때, 회사가 오래갈 수 있다는 사실을 잘 알고 있을 것이다. '생산성을 높이고 비용을 절감하기 위한 IT'에서 '조직원들의 삶의 균형을 위한 IT'로 시각을 바꾸면, 업무효율 저하나 구성원의 불만 등 오랜 문제들을 신속히 해결할 수 있으리라 믿는다.

2013년 1월
우병현

차례

책을 시작하며 일과 삶의 균형을 위한 '구잘직 프로젝트' 004

프롤로그 보다 효율적으로, 보다 자유롭게, 직장인을 위한 디지털 마법 011
업무시간 안에 깔끔하게 일을 처리하고 싶다 011 | 직장인도 마법이 필요하다 013 | 디지털 기술은 직장인을 위한 마법이다 016 | 클라우드 컴퓨팅의 등장 019 | 디지털 마인드, 경영자에서 직장인 중심으로 022 | 디지털 마법으로 아낀 시간을 나와 가족을 위해 사용하자 024

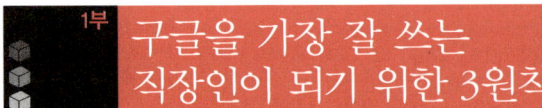
1부 구글을 가장 잘 쓰는 직장인이 되기 위한 3원칙

1원칙. 모든 업무를 웹오피스로 처리하라 029
멀티 툴, 멀티 도큐먼트 029 | 원 툴, 원 도큐먼트 035
knowhow 자료파일의 제목 구조화하기 039

2원칙. 모든 자료를 처음부터 공유하라 042
'지식의 저주'가 직장인을 괴롭힌다 042 | 드래프트 상태에서 공유하라 044 | 공유의 효과 046
knowhow 업무내용 명료화 원칙 050

3원칙. 스스로 웹마스터가 되자 053
나를 괴롭히는 동료들 053
knowhow 일관생산방식의 원칙 058

2부 구글을 가장 잘 쓰는 직장인이 되기 위한 실전 매뉴얼

1장 _____ 구글을 자기관리의 종합 플랫폼으로 활용하라 064

지메일은 자기관리 플랫폼이다 065
이메일을 자기관리 플랫폼으로 세팅하라 067 | 하나의 이메일, 하나의 주소록 070
knowhow 스마트폰으로 자기관리 극대화하기 075

지메일은 할 일 목록이다 078
업무능력은 '반응성 메일'의 처리능력과 직결된다 079
knowhow [할 일 목록]으로 업무능력 강화하기 083

지메일은 똑똑한 과제 분류기다 085
분류만 제대로 해도 효율성이 높아진다 086
knowhow [지메일]을 더욱 효과적으로 사용하기 090

구글 주소록은 인맥관리 도구다 092
인맥관리는, 클라우드에서 현명하게 해야 한다 093
knowhow [구글 주소록]을 개인 비서로 활용하기 097

구글 캘린더는 개인시간 지킴이다 098
회사의 일정정보를 장악하면 내 시간을 자유롭게 쓸 수 있다 099
knowhow 보다 효율적으로 일정관리하기 102

2장 _____ 구글로 인사총무를 혁신하라 104

구글 사이트 도구는 변덕 경영진에 대한 방어무기다 105
수많은 업무 지시를 처리하는 관건은 속도다 106
knowhow 온라인으로 업무처리 효율 높이기 111

구글 양식은 채용 프로세스다 113
창구를 하나로 정리하면 복잡한 업무도 단순해진다 114
knowhow 복잡한 채용, 온라인으로 간단히 처리하기 118

구글 드라이브는 디지털 아카이빙이다 120
자료를 아카이빙하면 접근성이 용이해진다 121
knowhow 디지털 아카이빙으로 자료더미에서 해방되기 125

구글 피카사 웹앨범은 사내 사진첩이다 127
방대한 자료는 체계만 잡으면 손쉽게 관리된다 128
knowhow 체계적이고 간편한 사내 사진첩 만들기 132

3장 ____ 구글을 최적의 마케팅 도구로 이용하라 136

구글 사이트 도구는 레고 블록이다 137
작동원리만 제대로 익히면, 이후 단계는 수월하게 진행된다 138
knowhow 손쉽게 웹사이트 운영하기 143

구글 사이트 도구는 시간 절약 도우미다 146
화려한 이미지를 버려야, 명료한 메시지 전달이 가능하다 148
knowhow 명료한 웹사이트 만들기 153

구글 양식은 모객 플랫폼이다 155
모객의 관건은 실시간 대응이다 156
knowhow 참가를 쉽게 만드는 [구글 양식] 비법 160

구글 주소록은 CRM 도구다 162
언제든지 필요한 고객들을 추출해 연락할 수 있는 것이 CRM의 핵심이다 164
knowhow CRM을 위한 최적의 주소록 만들기 167

구글은 외부와 협업하는 플랫폼이다 169
협업은 A부터 Z까지 모두 공유할 때 가능하다 170
knowhow 오류나 누수 없이 협업하기 174

4장 ____ 구글을 통한 교육은 협업을 이끌어낸다 176

구글 문서도구는 글쓰기 교육 플랫폼이다 177
분업 마인드를 버려야 진정한 협업이 가능하다 178
knowhow 협업으로 글쓰기 교육 성공시키기 183

구글 문서도구는 협업 콘텐츠 생산도구다 186
공유는 협업의 시작이자 끝이다 187
knowhow 협업으로 질 높은 콘텐츠 생산하기 191

구글 프레젠테이션은 온라인 강의실이다 194
자료의 온라인화는 자유를 가져온다 196
knowhow 강의자료 100퍼센트 온라인화하기 198

3부 구글을 가장 잘 쓰는 직장인이 되기 위한 마지막 단계

구글 앱스 마켓플레이스는 스마트 워킹을 위한 공구상자다 203

구글 앱스 마켓플레이스 활용 203 | 구글 크롬 앱스토어 활용 205 | 구글 앱스 API 활용 자체개발 206 | 전자결재 시스템 207 | 디지털 마인드맵, 마인드마이스터 활용 210 | 주소록 공유 시스템 212 | 구글이 제공하는 도구를 활용한 자체개발 214
knowhow [구글 앱스] 제대로 활용하기 215

에필로그 **연결에서 창의력이 나온다** 217

문제해결능력이 필요하다 217 | 직장인에게는 창의력과 전문성이 절실하다 219 | 문제해결에서 디지털 기술의 역할 221 | 클라우드 컴퓨팅의 연결에서 창의력이 나온다 222

책을 닫으며 **클라우드 기술은 행복이다** 225

부록 **구글을 가장 잘 쓰는 직장인이 되기 위한 팁** 229

스마트 워킹에 대한 오해와 진실 231 | 클라우드 컴퓨팅에 대한 오해와 진실 236 | 신생기업과 중소기업을 위한 세팅 및 교육 가이드 248 | 기존 IT시스템을 사용하고 있는 회사는 자기관리 교육부터 254 | 용어정리 258

To Be World's Best Googler

프롤로그

보다 효율적으로, 보다 자유롭게, 직장인을 위한 디지털 마법

업무시간 안에 깔끔하게 일을 처리하고 싶다

동화 『신데렐라』에서 계모와 그의 딸들은 신데렐라에게 늘 감당하기 어려운 과제를 부여한다. 이들은 왕궁에서 열리는 무도회에 가고 싶어하는 신데렐라의 열망을 원천적으로 방해하기 위한 술책으로, 정해진 시간 안에 도저히 마무리할 수 없는 일감을 안긴다. 이것은 아무리 열심히 일하고 효율적으로 처리해도 시간 내에 끝낼 수 없는, 인간의 능력을 벗어나는 양이기에 신데렐라는 눈물짓는다. 하지만 그녀는 산더미 같은 일을 처리하는 데에 따르는 땀과 고통 때문에 눈물을 흘리는 것이 아니다. 그보다는 아무리 노력해도 제시간(여기서는 무도회가 열리기 전까지)에 일을 끝내기 힘들다는 사실, 자신의 시간을 전혀 가질 수 없다는 사실 때문에 속상해하는 것이다.

어쩌면 직장인에게 직장은 계모 같은 존재다. 기업은 늘 시장에서 경쟁해야 하는 속성상, 매일 조직원들에게 무수히 많은 일을 안길 수밖에 없다. 업무시간 동안 아무리 열심히 일해도 또다시 새로운 과제를 부여받게 되는 것이 직장인의 운명이다. 그렇다. 우리는 신데렐라와 같은 처지에 놓여 있다. 산더미 같은 일감을 업무시간 내에 모두 끝내기란 불가능하고, 결국 야근이나 특근을 해야 한다. 퇴근 후 집에서 휴식을 취하고 있다가도 갑자기 회사에 일이 생기면 처리해내야만 한다. 우리에게 '자기 생활'이나 '여가' 같은 것은 그야말로 언감생심. 저녁에 가족과 편히 식사 한 번 하기도 어렵고, 주말 스케줄이나 휴가계획은 매번 엉망이 되곤 한다.

직장인의 바람은 일을 조금 하고 싶다거나 쉽게 하고 싶다는 것이 아니다. 그저 업무시간 내에 맡은 일들을 깔끔히 처리하고 자기 시간을 온전히 사용하고 싶을 뿐이다. 지금 우리에게 필요한 것은 '마법'이다. 신데렐라가 일감을 앞에 두고 슬픔에 젖어 있을 때, 요정이 나타나 대신 일을 처리해주고 무도회에 필요한 옷, 구두, 마차까지 제공해주는 기적이 일어나지 않던가. 어린 시절 동화를 읽었을 때는 화려한 옷과 마차에 주목했다. 이제 직장인의 시각에서 보니 그보다는 무도회에 갈 수 있는 시간을 마련해준 일감처리가 눈에 들어온다. 요정의 도움이 없었다면 신데렐라는 결코 무도회에 갈 수도, 왕자를 만날 수도 없었을 것이다. 우리에게도 그런 마법이 필요하다. 매일 쏟아지는 현안을 업무시간 내에 깔끔히 끝내고, 어떤 새로운 과제가 떨어져도 효율적으로 처리할 수 있도록 도와주는 요정의 마법 말이다.

직장인도 마법이 필요하다

조직에 소속된 직장인들이 바라는 마법은, 어느 날 갑자기 극적인 신분 상승을 이루거나 어마어마한 부를 얻는 것이 아니다. 직장에서 벗어난 시간만이라도 자신의 의지대로 쓰고 싶을 뿐이다. 야근에 시달리는 생활을 청산하고 주말과 휴가를 여유롭게 즐기고 싶을 뿐이다. 업무시간이 끝나면 일에서 벗어나 독서나 운동을 통해 스스로를 재충전하고 싶을 뿐이다. 직장인들은 그런 소박한 소망조차 실현하지 못하고 있다. 그렇다면 방법은 하나다. 마법을 배우는 것이다.

일과 삶의 균형을 위한 마법은 다음과 같은 조건을 갖춰야 한다.
첫째, 일하는 장소에서 자유로워야 한다. 경영자들은 '장소로부터의 자유'를 직장인들이 언제 어디서든 필요한 업무를 '수행'할 수 있는 것이라고 설명한다. 하지만 경영자 관점에서 말하는 '유연근무'와 '스마트 워킹smart working'은 화석연료를 잡아먹는 거대한 직무공간을 줄이기 위한 합리화 전략에 불과하다. 동일노동, 동일임금의 원칙 아래 조직원의 일을 줄여주고 가정의 복지를 높여주려는 의도는 아니라고 할 수 있다.

직장인의 관점에서 '장소의 자유'를 언제 어디서든 회사의 요구에 '대응'할 수 있는 것이라고 재정의해야 한다. 개인시간이 훼손되는 이유 중 가장 큰 것이, 업무시간 이외의 시간대에 회사가 갑자기 업무를 지시하기 때문이 아닌가. 퇴근 후 집에서 식사하고 있는데 상사로부터 업무가 떨어졌다고 해서 다시 회사로 돌아가기는 어렵다. 집에서 컴퓨터로 네트워크에 접속해 필요한 일을 처리할 수 있어야 한다. 휴가지에서도 갑자기 발생한 업무를 신속하고 효율적으로 처리할 수 있어야 한다. 그것이 진정한 업무공간으로부터의 자유다.

둘째, 각종 디지털 작업도구로부터 자유로워야 한다. 우리가 일을 수행하려면 워드프로세서, 프레젠테이션, 스프레드시트, 포토샵 같은 자료생산 소프트웨어들이 필요하다. 물론 이런 도구들은 대체로 직장 PC와 집 PC에 깔려 있다. 휴대용 노트북에 깔려 있기도 하다. 그런데 돌발상황이 벌어져 내 PC와 노트북을 사용할 수 없는 경우, 공용 PC나 다른 사람의 PC를 이용해야 한다. 그렇기에 업무를 처리하는 데 필요한 디지털 도구를 언제 어디서든지 즉시 꺼내 사용할 수 있어야 하는 것이다.

셋째, 자료로부터 자유로워야 한다. 업무를 처리하려면 내가 만든 자료뿐 아니라 동료가 만든 자료, 회사가 보유한 자료 등이 필요하다. 또 도서관에서 구할 수 있는 공공자료에서부터 돈을 주고 구입해야 하는 사설자료까지, 각종 참고자료에도 접근이 용이해야 한다. 영화 〈마이너리티 리포트Minority Report〉에서 주인공 톰 크루즈가 대형 스크린에 데이터, 영상 등을 띄워놓고 자유자재로 사용하던 장면을 떠올려보라. 우리도 필요한 자료를 언제든 모니터에 띄워놓고 업무를 처리할 수 있어야 한다.

넷째, 사람으로부터 자유로워야 한다. 이것은 우선, 기능 또는 기술과 관련된 것이다. 회사업무에는 특정기술을 필요로 하는 일들이 수두룩하다. 예를 들어 프레젠테이션 자료를 만들 때, 시각적으로 잘 표현하기 위해서는 그래픽 디자이너의 도움이 필요하다. 마케팅 담당자가 신제품 출시와 관련해 웹사이트를 구축하려면 IT부서에 지원을 요청해야 한다.

사람으로부터의 자유의 또다른 측면은, 일을 처리하는 과정에서 보고라인과 협업라인에 있는 사람들에게 공감, 협조, 동의를 얻는 일이다. 예를 들어 결재와 같은 공식적인 프로세스는, 일을 만들어가는 과정에서 얻은 동의를 바탕으로 최종확인을 하는 과정에 불과하다. 모든 업무는 보고 및 협업라인에서 협조, 공감, 동의를 구하지 못한 상태에서는 깔끔한 처리가 불가능하다. 협조, 공감, 동의는 바로 사람과의 소통에 관련된 것들이다. 이 과정은 매우 복잡하고 복합적이다. 따라서 우리가 업무시간 중에 맡은 일을 처리하는 데 있어 가장 큰 걸림돌이기도 하다.

매뉴얼대로 반복처리가 가능한 일은 시간과의 싸움이지만, 상황에 맞는 소통이 필요한 일은 까다롭고 귀찮고 예측이 불가능한 일이다. 이를테면 보고라인에서는 윗사람에게 보고하고 승인을 받아야 하지만, 그의 바쁜 스케줄 때문에 소통이 어려울 수 있다. 또 우리 스스로 상사와의 소통을 불편하게 여겨, 소극적으로 움직일 수도 있다. 협업라인에서도 정보를 공유하고 피드백이나 관련정보를 받아야 하는데 장벽들이 많다. 예를 들어 협업라인에 있는 사람과의 관계가 원만하지 못하면 이런 작업을 부실하게 처리할 가능성이 높다. 이처럼 기능지원 및 소통을 위해서는 다른 사람과 원활한 관계를 맺어야 하는데, 이 프로세스가 막히면 혼자서 업무를 완료하기 어렵다.

디지털 기술은
직장인을 위한 마법이다

마법은 현실 속에 존재하지 않는다. 눈속임을 활용한 마술만이 존재할 뿐이다. 하지만 디지털은 인간이 이전에 상상하기만 했던 일을 실현할 수 있는 힘을 지니고 있다. 특히 디지털 기술이 발달하면서 과거엔 상상조차 할 수 없었던 일들이 실제로 벌어지고 있다.

정보를 '0'과 '1'로 처리하는 정보처리 기술과 정보를 실시간으로 연결하는 네트워크 기술을 근간으로 삼는 디지털 기술은 1940년대 최초의 컴퓨터(에니악)가 등장하면서부터 눈부시게 발달해왔다. 하드웨어 분야에서는 PC의 성능이 1990년대 슈퍼컴퓨터급으로 발전했고, 또 손안에 쏙 들어올 만큼 소형화됐다. 네트워크 분야에서는 전 세계 어디서든지 네트워크에 접속할 수 있을 정도로 유무선통신망 인프라가 확산됐다. 소프트웨어 분야에서는 음성인식과 같은 상상 속의 기술들이 하나둘씩 현실화되면서, 기계지능이 점점 인간의 지능에 가까워지고 있다.

디지털 기술의 마법과 같은 힘은, 먼저 장소를 초월하는 네트워킹 능력에서 나온다. 유무선인터넷망이 촘촘히 깔리면서, 누구라도 네트워크에 연결만 되면 장소에 구애받지 않고 필요한 작업을 처리할 수 있게 됐다. 또한 디지털 기술의 마법은 시간에 제약받지 않는 비동기非同期 커뮤니케이션에서도 나온다. 전화가 기본 통신수단이던 시절엔 통화를 하려면 반드시 동기적으로 연결돼야 했다. 하지만 이메일이 등장한 뒤에는 서로 같은 시간대에 연결되지 않아도 소통할 수 있었다. 이것이 끝이 아니다. 디지털 기술은 자료를 편리하게 재사용할 수 있고, 또 수시로 업데이트할 수 있다는 점에서도 마법이 된다. 이전엔 자료를 재사용하려면 인쇄물로 만들어야 했다. 하지만 디지털 기술을 이용하면 파일을 복사해서 전달하는 방식으로 얼마든지 재사용이 가능하다. 또 자료를 업데이트할 경우, 별도로 인쇄할 필요 없이 원본을 그대로 수정함으로써 업데이트할 수 있다.

디지털 기술은 같은 작업을 여러 사람이 함께할 수 있는 길을 열어줬다. 이전에는 하나의 작업을 여러 사람이 함께하려면 일을 쪼개고 합치는 과정이 복잡했다. 가령 여러 명이 한 권의 책을 쓸 경우를 생각해보자. 참여하는 사람들이 각각 맡을 주제를 나누고, 일정 기간이 지나면 누군가가 이를 모아서 읽고 중복되는 부분을 정리하고 잘못된 내용을 고치는 식으로 진행했다. 하지만 디지털 기술은 하나의 파일에 여러 명이 동시에 접속해 각자 맡은 부분을 알아서 작업할 수 있는 방법을 구현했다. 협업에 따르는 복잡한 절차를 없애고, 협업을 조정하는 데에 소요되는 시간을 줄여준 것이다.

• 그런데 왜 직장인에게 디지털 마법이 일어나지 않는가

디지털 기술은 이론적으로는 완벽한 마법의 조건을 갖추고 있다. 1980년대 정보사회에 대한 미래담론이 인기를 끌 때, 미래학자와 정보사회 예찬론자들은 디지털 기술을 마법의 힘을 지닌 기술이라고 선전했다. 이들은 사무실에서 종이가 사라지고, 전 세계가 실시간으로 연결되고, 손바닥 안의 전화기로 화상통화를 하게 될 것이라고 예언했다. 백화점에 가지 않고도 쇼핑을 할 수 있고, 학교에 가지 않고도 교육을 받을 수 있다고도 주장했다. 이러한 예언은 2000년대에 들어서 거의 실현되기 시작했다. 그리고 오늘날 지구촌 사람들은 PC와 스마트폰을 갖고 교육, 의료, 쇼핑, 여행, 독서 등 자신이 원하는 모든 것을 처리하면서 살아가고 있다. 하지만 직장에 소속돼 일하는 직장인의 입장에서 디지털 기술의 마법은 여전히 제한적이다. 앞서 언급했듯이 직장인들은 각자 맡은 일을 업무시간 안에 깔끔하게 처리하는 데 있어 디지털 기술의 도움을 제한적으로 받고 있기 때문이다.

직장인에게 디지털 마법이 제한적인 이유는 크게 두 가지 측면에서 찾을 수 있다.

첫째, 디지털 기술의 측면에서 보면 직장인들에게 필요한 디지털 기술의 범용화commoditization**가 완전히 이뤄지지 못했다.** 범용화란 우리가 일상생활을 하면서 사용하는 치약, 비누와 같이 제품의 수준과 가격이 평준화돼 누구나 쉽게 구입해 사용할 수 있는 수준에 이르는 것을 뜻한다. 이런 상품을 범용상품commodity이라고 하기도 한다. 우리가 일을 처리하려면 자료 생산도구를 비롯해 저장도구, 커뮤니케이션 도구, 웹사이트 구축도구, 자료수집 및 분석 도구 등 각종 오피스용 디지털 도구가 필요하다. 또 PC를 비롯해 스마트폰, 태블릿 같은 하드웨어와 인터넷, 이동통신망 등 네트워크도 필요하다. 즉, 직장인들이 자신의 일을 마법처럼 처리하려면 소프트웨어, 하드웨어, 네트워크, 저장장치 등 4대 디지털 요소를 비누와 치약처럼 저렴한 가격으로 쉽게 구매할 수 있어야 한다.

두번째 측면은 직장인들의 디지털 기술에 대한 태도에서 찾을 수 있다.

실제 경영현장에서 회사가 새로운 시스템을 도입하면, 관리자들은 적극적인 반면 실무자들은 소극적이었던 것이 사실이다. 직장인들은 새로운 시스템이 내 일자리를 빼앗을 수 있다는 우려를 의식하지 않을 수 없다. 또한 관리자들이 디지털 기술을 내 일을 감시하고 평가하는 통제수단으로 활용할 수 있다는 점도 의식할 수밖에 없다. 이에 따라 대부분의 직장인은 아무리 첨단기술을 도입해도 일정 수준까지만 적응하고 그 이상을 넘어서려고 하지 않는다. 경영자들은 이런 직장인들의 태도에 대해 늘 고민하며 혁신의 대상으로 생각하기 마련이다.

클라우드 컴퓨팅의 등장

세계 최대 온라인서점을 운영하는 회사인 아마존은 2007년 이른바 '웹서비스web service'라는 새로운 서비스를 선보였다. 처음에는 온라인쇼핑몰을 운영하고 싶은 사람에게 원스톱으로 온라인쇼핑에 필요한 모든 것을 온라인으로 제공하는 방식이었다. 이어 아마존은 대용량 데이터를 저장할 필요가 있는 회사와 사람들을 위해 웹스토리지web storage 임대사업을 시작했다. 삼성전자와 같은 굴지의 전자회사들이 TV용 소프트웨어를 바꿀 때마다 아마존 S3 Simple Storage Service를 이용해 전 세계 삼성전자 서비스망에 배포했다. 아마존은 여기에 그치지 않고 가상서버 기술을 이용해, 한꺼번에 대용량 데이터를 처리할 수 있는 컴퓨팅 파워computing power를 필요로 하는 곳에 사용시간만큼 과금하는 서비스를 선보였다. 뉴욕타임스는 과거 기사를 한꺼번에 다른 파일 포맷으로 전환할 때 이 서비스를 저렴하게 이용했다.

세계 인터넷 검색시장의 부동의 1위인 구글은 2006년 라이틀리Writely라는 벤처회사를 인수해 [구글 문서도구]라는 웹오피스를 무료로 제공하기 시작했다. 라이틀리가 만들었던 웹 기반 워드프로세서는 웹브라우저에서 MS워드처럼 워드프로세서 작업을 할 수 있는 기능을 온라인으로 제공했다. 구글은 이를 온라인에서 서비스하기 시작해, 이후 스프레드시트, 프레젠테이션 등 사무용 프로그램을 연이어 제공했다. 이처럼 구글이 온라인에서 제공하는 각종 사무용 자료생산 프로그램을 통틀어 웹오피스 또는 온라인오피스online office 프로그램이라고 부른다.

사무용 소프트웨어의 절대강자인 마이크로소프트의 MS오피스는 PC에 깔아서 사용하는 것이다. 이에 비해 웹오피스는 PC에 프로그램을 깔지 않고 웹브라우저에서 불러서 사용하는 방식을 채택했다. 또 작업파일을 PC 대신 온라인에 저장하는 방식을 도입했다. 이에 따라 웹오피스는 소프트웨어를 PC에 설치하지 않고도 원하는 작업을 할 수 있고, 나아가 인터넷에 연결된 어떤 PC에서도 오피스 작업을 할 수 있는 길을 열었다. 아울러 온라인에 저장한 데이터를 언제 어디서든지 꺼내서 이용할 수 있도록 만들었다.

2007년 애플의 스티브 잡스는 PDA와 디지털 뮤직플레이어 역할을 하는 아이팟에 이동통신 기능을 집어넣은 아이폰을 발표했다. 또 아이폰에 필요한 소프트웨어를 다운로드받아 게임에서부터 쇼핑, 학습, 신문 구독, 방송 청취 등 원하는 일을 할 수 있는 애플리케이션 장터를 아이폰 사용자들에게 제공했다. 잡스가 활짝 열어제친 이른바 '스마트폰 시대'는 전 세계 사람들을 지금까지와는 전혀 다른 디지털 세계로 이끌었다. 어린아이부터 노인까지 누구나 스마트폰을 들고 다니면서, 자신이 필요로 하는 일들을 손가락 터치만으로 쉽게 처리할 수 있는 길을 열어준 것이다.

스마트폰 대중화의 진면목은 누구나 고성능 초소형 컴퓨터를 24시간 내내 들고 다니면서, 전 세계를 연결하는 디지털 네트워크를 저렴하게 이용해, 자신이 원하는 일을 하고 재미를 누릴 수 있다는 점이다. '진정한 퍼스널 미디어 시대real personal media era'가 개막된 것이다.

• 아마존, 구글, 애플이 개척한 디지털 세계

아마존, 구글, 애플이 개척한 디지털 기술의 세계를 흔히 '클라우드 컴퓨팅'이라고 부른다. 클라우드 컴퓨팅은 본래 컴퓨팅에 필요한 모든 요소(소프트웨어, 데이터 저장, 컴퓨팅 파워 등)를 온라인(구름)에 올려놓고, 네트워크를 이용해 온라인에서 필요한 소프트웨어, 데이터, 컴퓨팅 파워 등을 자신의 디바이스device에 불러서 사용할 수 있는 것을 뜻한다. 아마존, 구글, 애플 등 세 회사는 각각 다른 목표를 갖고 다른 서비스를 개발하면서 클라우드 컴퓨팅 시대를 열었다. 세 회사가 지닌 장점도 각각 다르다. 아마존은 컴퓨팅 인프라 서비스에, 구글은 웹오피스와 같은 디지털 도구에, 애플은 아이폰, 아이패드와 같은 디바이스와 애플리케이션 마켓플레이스에 강점을 갖고 있다.

이들 회사가 일궈낸 혁신 덕분에 디지털 기술은 비로소 누구나 사용할 수 있을 정도로 표준화와 범용화가 빠른 속도로 이뤄지고 있다. 오늘날 클라우드 컴퓨팅이라고 일컬어지는 새로운 디지털 기술 추세는, 이와 같이 누구나 쉽게 디지털 기술을 사용할 수 있는 흐름을 가리키는 것이다.

디지털 마인드, 경영자에서 직장인 중심으로

지난 30년 동안 디지털 기술은 눈부시게 발전해왔다. 하지만 디지털 기술이 과연 사람들의 삶의 질을 높이는 데에 기여했는가를 따져보면 반드시 그렇다고 말하기는 어렵다. 디지털 기술에 얽힌 이해관계가 실제 그 기술을 사용하는 사람을 중심으로 이뤄지지 않았기 때문이다. 디지털 기술을 발전시키고 대중화하는 데 가장 큰 에너지를 쏟은 주인공은 역시 디지털 기술을 팔아서 먹고사는 기업들이다. 매출을 늘릴 수 있기 때문이다. 또 디지털 기술을 열렬하게 수용한 사람들은 기업과 정부 내에서 관리자 직급에 속하는 사람들이다. 이들은 디지털 기술을 도입해 비용과 프로세스를 줄이는 등 업무효율성을 높이고자 했다.

어떤 조직에 소속돼 급여를 받는 직장인이라면, 직장인의 관점에서 디지털 기술이 무엇인가를 근본적으로 생각해봐야 한다. 직장인들은 그동안 디지털 기술이 내 일을 덜어줄 것이라는 선전을 경영자들로부터 들어왔다. 하지만 실제 내 일거리는 별로 줄어든 것 같지 않다. 경영자들은 디지털 기술 덕분에 언제 어디서나 일할 수 있어 근무장소에서 자유로울 것이라고 했는데, 현장에서는 특수한 직군에만 유연근무가 적용될 뿐이다.

디지털 기술을 잘 활용하면 업무능력이 높아져 내 월급이 오를 것이라고 했지만, 월급이 오르기는커녕 도리어 일자리마저 위협받고 있다.

이제 사용자 관점에서 디지털 기술을 냉철하게 바라볼 필요가 있다. 디지털 기술을 경영자로부터 시작되는 톱다운 top-down 시각으로만 봐서는 안 된다. 실제 사용하는 사람의 시각에서, 즉 밑에서 위로 바라봐야 한다. 직장인들이 디지털 기술에 기대하는 것은 단순명쾌하다. 업무시간 안에 내가 맡은 일을 깔끔하게 처리하는 것이다. 그리고 업무에서 벗어나면 내 고유의 시간을 나와 가족, 친구를 위해 사용하는 것이다. 즉, 디지털 기술은 직장인들이 업무에 얽매이지 않도록 하는 도구가 돼야 한다. 재택근무니, 스마트 워킹이니 하는 것들은 우리에게 공염불에 불과하다. 굳이 집이나 커피숍에서 일하지 않더라도, 업무시간 안에 일을 마무리할 수만 있으면 더 바랄 것이 없다.

지금까지 경영자들은 디지털 기술을 도입해 비용은 줄이고, 생산성을 높여서 더 많은 이윤을 창출하고자 했다. 경영자들의 이런 염원도 이제 한계에 이르렀다. 디지털 기술의 평준화가 이뤄지면서 경쟁기업과의 차별성을 디지털 기술을 통해 얻기 어려워진 것이다. 앞서 소개한 대로 클라우드 컴퓨팅 시대가 뜻하는 것은 바로 디지털 기술의 평준화와 범용화다. 누구나 쉽고 저렴하게 디지털 기술을 활용할 수 있게 됨에 따라, 더이상 디지털 기술을 통해 기업의 경쟁력을 추구할 수 없게 된 것이다.

이제 경영자들은 직장인의 시각에서 디지털 기술을 바라보면서 기존의 IT시스템을 재편할 수밖에 없다. 직장인들이 디지털 기술의 속박에서 벗어나고, 디지털 기술을 이용해 일의 질을 높일 수 있도록 해야 한다. 아울러 직장인들이 일의 질을 높여서 아낀 시간을 자신과 가족에게 쓸 수 있도록 해야 한다.

디지털 마법으로 아낀 시간을 나와 가족을 위해 사용하자

필자는 과거 벤처기업 경영을 통해 회사 IT시스템의 실상을 경험했다. 그런 경험을 바탕으로 2009년 12월, 조선비즈를 출범하면서 클라우드 컴퓨팅을 직장인을 위한 마법으로 만들기 위한 도전을 시작했다.

직장인을 위한 IT시스템 구현원칙은 간단명료했다.

첫째, 회사가 필요로 하는 각종 디지털 요소를 가능하면 모두 범용 서비스에서 빌려서 사용하는 것이다. 이를 위해 직장인들이 가장 많이 사용하는 자료생산 소프트웨어를 선택할 때 PC용 오피스 프로그램 대신 웹오피스를 채택했다.

둘째, 회사의 각종 자료파일을 보관하는 스토리지를 자체구축하지 않고, 범용 웹스토리지 서비스를 선택했다.

셋째, 회사 공식 홈페이지, 인트라넷 등 회사 관련 웹사이트를 별도 서버로 만들지 않고 범용 서비스를 빌려서 구축했다.

넷째, 전자결재 등 회사가 필요로 하는 솔루션을 자체개발하거나 외주를 주지 않고 범용 서비스를 빌려서 사용했다.

이처럼 회사가 필요로 하는 디지털 요소를 아마존, 구글, KT 등 굴지의 IT회사에서 제공하는 범용 서비스를 사용한다는 원칙을 세운 다음, 직원들에게 다음과 같은 세 가지 원칙을 적용시켰다. 첫째, 모든 자료를 온라인에서 작성하기, 둘째, 모든 자료를 처음부터 공유하기, 셋째, 스스로 웹마스터가 되기가 그것이다.

니콜라스 카Nicholas Carr는 『빅 스위치The Big Switch』라는 그의 책에서 클라우드 컴퓨팅을 전기사업에 비유했다. 에디슨은 전기와 전기 발전기를 발명했고, 그의 비서였던 새뮤얼 인설Samuel Insull은 오늘날 전력회사의 모델인 '파워 그리드power grid' 방식을 고안했다. 파워 그리드 방식이란, 발전소에서 전력을 생산한 다음 그리드 망을 통해 공장, 철도회사, 가정에 전기를 공급하는 것이다. 이 모델을 통해 산업과 생활에 큰 변화가 일어났다. 가정에서 전기를 이용한 가전제품을 사용하면서 비로소 미국의 전형적인 중산층 가정의 모습이 완성됐다.

즉, 디지털 기술은 온라인이라는 하나의 공간에서 각종 업무를 수행해, 집, 사무실, 커피숍 등 다양한 공간으로 공급하는 기술이라고도 할 수 있다. 이를 통해 우리는 언제 어디서든 업무를 처리할 수 있고, 그만큼 자유 시간의 확보가 가능하다. 이제 직장인들과 경영자들은 클라우드 컴퓨팅을 새로운 기술 트렌드 또는 경영 패러다임으로만 바라보지 않아야 한다. 클라우드 컴퓨팅은 어쩌면 '삶의 패러다임'을 바꾸는 혁신일지도 모른다.

1부

구글을 가장 잘 쓰는 직장인이 되기 위한 3원칙

1원칙. 모든 업무를 웹오피스로 처리하라 | 2원칙. 모든 자료를 처음부터 공유하라 | 3원칙. 스스로 웹마스터가 되자

To Be World's Best Googler

1원칙

모든 업무를
웹오피스로 처리하라

멀티 툴, 멀티 도큐먼트 multi tool, multi document

'개똥도 약에 쓰려면 없다'라는 속담이 있다. 시골에 살던 어린 시절, 동네 개들은 모두 제멋대로 돌아다녔고 골목마다 개똥이 널려 있었다. 여기서 개똥은 평소 흔하게 볼 수 있는 소재를 뜻한다. 문제는 그 흔한 것들이 정작 필요해서 찾아나서면 좀처럼 눈에 띄지 않는 데서 발생한다. 이 속담은 직장생활에서도 잘 들어맞는다. 직장인들의 시간을 빼앗는 주범은 일차적으로 자료생산이다. 그런데 이보다 더욱 우리를 괴롭히는 것이 있으니, 바로 자료찾기 또는 자료검색이다. 특히 자신이 오래전에 만든 자료나 회사가 보유하고 있는 데이터베이스, 디지털 아카이빙 digital archiving 에서 원하는 자료를 제때 찾지 못하면 일은 제대로 진척되지 못한다.

회사 밖 장소에서 갑자기 업무를 처리해야 하는 경우를 생각해보자. 특정자료가 필요한 경우라면, 대부분 외부에서는 처리가 불가능해 회사로 발걸음을 돌릴 것이다. 이처럼 직장인들이 회사에 발이 묶이는 결정적인 원인 중 하나가 회사 PC 안에 있는 자료다. 좀더 정확히 표현하면 '회사 PC에만' 있는 자료다. 즉, '원하는 자료에 대한 접근성'이 원활하지 못하면, 그만큼 업무처리는 더욱 지연되고 힘들어진다.

왜 우리는 원하는 자료를 단번에 찾지 못하게 된 것일까. 시간여유가 있고 딱히 특정자료가 필요하지 않을 때는, 자신이 다양한 자료를 갖고 있으며 언제나 찾을 수 있다고 생각하기 마련이다. 그러다가 마감시한을 앞두고 급하게 자료를 찾으려고 하면 생각만큼 쉽게 찾아지지 않는다. 이런 현상은 디지털 기술의 대중화에서 비롯됐다. 디지털 시대를 맞아 우리는 '검색'이라는 획기적인 자료찾기 보조도구를 갖게 됐다. 처음에 검색은 자료더미 속에서 원하는 자료를 쉽게 찾아내 제시하는 마법을 우리에게 선사했다. 하지만 나중에는 우리의 자료 축적능력과 사고능력을 후퇴시키면서 혁신의 걸림돌로 작용하기 시작했다.

설명하자면 이렇다. 사람들은 검색의 마법을 지나치게 신뢰한 나머지, 자료를 만들 때 정보를 아무렇게나 취급하고 있다. 아울러 디지털 도구의 보급으로 인해 과거엔 상상조차 하기 어려울 정도로 자료가 기하급수적으로 늘어났다. 그런데 우리가 검색에 의존하면서 자료 인지능력이 급속도로 떨어졌고, 따라서 복잡한 검색전략을 구사하지 못하고 있다. 이를테면 자료를 만들 때 '검색하면 찾을 수 있겠지' 하는 생각으로 아무렇게나 제목을 붙인다. 또 나중에 자료를 찾을 때 그 자료가 포함하고 있는 키워드를 제대로 기억하지 못해 문제가 생기는 경우가 허다하다. 자료를 정독하지 않고 훑어보는 습관 때문이다.

하지만 원하는 자료를 단번에 찾지 못하는 진짜 이유는 검색과 관련된 것이 아니다. 더 큰 원인은 우리가 너무 많은 자료 생산도구를 사용하면서, 동시에 너무 많은 저장수단을 사용하고 있기 때문이다.

• 다양한 저장장소, 다양한 저장수단이 가져오는 문제들

직장인들은 아침에 출근하면서 스마트폰으로 지인과 채팅을 한다. 사무실에 도착해서는 이메일을 열어보고 답장을 보낸다. PC용 메신저로 가벼운 채팅을 하기도 하고, PC용 오피스 프로그램을 모니터에 띄워 본격적으로 업무자료를 만들거나 수정한다. 업무용 자료를 이메일에 첨부해 필요한 사람들에게 복사본을 보내고, 자신도 이메일을 통해 자료의 복사본을 받기도 한다. 외근을 하면서 스마트폰으로 소셜미디어에 글을 올리고, 스마트폰 카메라로 거리 풍경을 촬영해 역시 소셜미디어에 올린다. 퇴근 후 집에서 휴식을 취하다가 인터넷 포털에 접속해 개인 블로그에 최근 여행기를 올리고, 동호회 카페에 들어가 게시판에 소식을 전하기도 한다.

어떤가. 우리는 의식하지 못하는 사이에, 이토록 엄청나게 많은 자료를 생산하고 있다. 업무문서뿐 아니라 커뮤니케이션 콘텐츠, 멀티미디어 등을 하루에도 수십 개씩 쏟아내고 있는 것이다. 대다수의 직장인들은 다양한 생산도구를 사용해, 다양한 디지털 자료를 만들어, 다양한 저장도구를 활용해 보관하고 있다. 다음의 표는 우리가 하루에 생산하고 저장하는 자료들을 정리해본 것이다. 무의식적으로 얼마나 많은 자료를 얼마나 다양한 장소에 보관하고 있는지를 알 수 있을 것이다.

[표] 직장인들의 자료 보관형태

자료유형	생산도구	저장장소
일반문서	• MS오피스 • 아래아한글 오피스 • 메모장 등 기타	• PC 하드디스크 • USB • 이메일 • 웹하드·웹스토리지 서비스
커뮤니케이션 콘텐츠	• 인트라넷 게시판 에디터 • 사내용 메신저 입력창 • 소셜미디어 입력창 • 스마트폰 앱	• 인터넷 게시판 • PC 하드디스크 • 소셜미디어 서비스 • 스마트폰 내장 메모리 • 앱 서비스업체 서버
멀티미디어	• 디지털 캠코더 • 디지털 카메라 • 스마트폰 • 이메일 • 인터넷 게시판	• 플래시 메모리카드 • PC 하드디스크 • 외장 하드디스크 • 스마트폰 내장 메모리 • 웹스토리지 서비스업체
퍼블리싱 콘텐츠	• 인터넷 게시판 에디터 • 블로그 에디터 • 카페 에디터	• 인터넷 게시판 • 블로그 • 카페

우리가 자료를 생산할 때는 동네 골목에서 개똥을 보는 듯한 느낌을 갖는다. 자료들이 늘 눈에 보이기 때문에 언제든지 손만 뻗치면 쉽게 구할 수 있다고 생각하는 것이다. 하지만 상사가 자료를 요청하거나 내가 일을 마무리하기 위해 필요한 자료를 찾으려고 하면, 어느 순간 그 많던 자료들이 시야에서 사라져 있다.

원하는 자료를 찾느라 고생하는 원인은 크게 세 가지다.

첫째는 자료생산에 사용하는 디지털 도구가 너무 다양하기 때문이다. 스마트폰에서는 앱을 이용해 자료를 생산하고, PC에서는 PC에 깔린 소프트웨어를 사용한다. 블로그나 카페에서 자료를 생산할 때는 해당 사이트에서 제공하는 온라인 에디터를 사용한다. 다시 말해 스마트폰, PC, 인터넷회사 등 여러 장소에 자료가 흩어져 보관되는 것이다. 어떤 저술가는 수년 동안 네이버 블로그에 사진과 글을 올리는 방식으로 개인자료를 축적하고 있다. 그는 외부기고를 하거나 책을 쓸 때, 블로그에서 자료를 찾는다. 이제는 스마트폰이 유행하면서 많은 사람들이 '에버노트' '솜노트' 등 저장 유틸리티 앱을 이용해 사진, 메모 등을 개인용 자료로 보관하고 있다.

검색 불능의 두번째 이유는 '변종문서'다. 하나의 원본파일을 이메일을 통해 전달하거나 USB를 통해 옮기는 과정에서 복사본이 계속해서 생기는 것을 뜻한다. 두 사람이 워드프로세서로 문서를 만들어 이메일로 주고받으면서 수정하는 경우를 보자. 이메일이 오가는 횟수에 따라 수정본이 발생한다. 회사에서 작업하던 파일을 USB에 담아 집으로 가져와 작업해도 마찬가지다. 회사서버나 웹하드를 사용할 때도 복사본이 생성된다. 이런 식으로 원본이 계속해서 복사본을 만들어내면, 나중에는 수정상황이나 최종결과를 단번에 파악하기가 어려워지는 것이다.

마지막으로 원하는 자료검색을 방해하는 요소는, 제목달기 관행이다. 학창시절 시험을 앞두고 친구의 노트를 빌려서 공부했던 경험이 있을 것이다. 남이 필기한 노트로 공부할 때 가장 심각한 문제는, 정확한 의미를 알기 어려운 어휘나 기호들이다. 기록하는 사람은 자신의 방식대로 필기하고 자기만의 기호를 사용하기 마련이다. 그렇기에 다른 사람은 노트에 표기된 정보만으로 수업내용을 온전히 알기 어렵고, 결국 노트를 빌려준 사람에게 내용을 물어봐야 한다. 직장인들이 자료파일의 제목을 달 때도 노트필기와 비슷한 현상이 나타난다. 대부분 주관적인 관점에서 제목을 붙이는 것이다. 즉, 제목을 달 때 자신만이 아는 한두 개의 키워드만 이용한다. 회사 웹사이트에 대한 개편방안을 담은 문서를 예로 들어보자. 대부분의 담당자는 자료를 만들고 나서 제목에 '개편안'이라고 입력한다. 또 일일 업무 현황 보고를 정리한 문서에는 달랑 '일일보고'라는 제목을 단다.

한두 개의 키워드로 만든 문서 제목은 최소 1개월에서 최대 1년까지는 검색할 때 큰 방해요소가 아니다. 업무상 이슈 지속기간이 대체로 그 정도이기 때문이다. 하지만 1년이 지나면 제목만으로 내용이 무엇인지 알기 어렵게 된다. 제목을 달 때 자신의 관점에서 특정시점에만 통용되는 단순한 키워드를 사용했기 때문이다. 주관적이며 단순한 제목의 문서들이 쌓이면 자료검색에 결정적인 걸림돌이 된다.

자신이 필요한 자료를 언제 어디서든지 쉽게 찾아서 활용하려면, 각종 자료를 '온라인에 저장'하며 '하나의 원본'만 관리하는 것으로는 부족하다. 수년에 걸쳐 자료를 온라인에서 생산하면 개인파일만 해도 수천 개에 이를 수 있다. 이런 거대한 데이터를 몇 가지 키워드로 검색하면, 비슷한 제목을 단 파일들이 줄줄이 결과에 올라온다. 단순한 제목의 파일을 다른 사람과 공유하는 건, 다른 사람에게 나만이 알아볼 수 있는 노트를 빌려준 것과 같다. 제3자가 수많은 자료파일 속에서 단순 키워드로 검색하면서 원하는 자료를 찾아내기란 사실상 불가능하다.

정리하자면 이렇다. **자료를 효율적으로 생산하고 관리하고 재사용하기 위해서는, 첫째, 저장장소를 하나로 통일해야 한다. 둘째, 복사본 생산을**

멈추고 원본만을 공유해야 한다. 셋째, 생산자가 아닌 다른 사람이 검색하더라도 쉽게 찾을 수 있도록 제목을 달아야 한다.

원 툴, 원 도큐먼트 one tool, one document

연결지성센터 최지웅 연구원은 상사로부터 인턴 프로그램을 개설하는 방안을 추진하라는 지시를 받았다. 최연구원은 지시를 받자마자 [구글 문서도구]의 '문서' 기능을 이용해 기획안 초안을 만들었다. 구글이 서비스하고 있는 [문서도구]는 MS오피스처럼 문서 작성, 스프레드시트 작성, 프레젠테이션 작성 등 각종 자료생산 소프트웨어와 같은 기능을 갖고 있다. 최연구원은 수치를 다루는 작업을 할 때, '구글 스프레드시트'라는 도구를 사용한다. 이는 MS엑셀과 같은 기능을 갖추고 있다. 강의자료 등 발표용 자료를 만들 때는 '구글 프레젠테이션'을 쓴다. 이는 MS파워포인트에 해당한다.

다만 [문서도구]는 MS오피스와 달리 PC에 설치된 소프트웨어가 아니라, 웹브라우저에서 실시간으로 불러와서 사용하는 소프트웨어다. 이처럼 웹에서 필요할 때마다 네트워크로 불러와서 사용하는 응용 프로그램을 '웹오피스'라고 부르는데, 넓은 의미에서 '서비스형 소프트웨어 software as a service'라고 분류하기도 한다. 이런 특성 때문에 [문서도구]는 실행해 만든 자료파일도 PC에 저장하지 않고, 미국을 비롯해 전 세계 주요 지점에 설치돼 있는 구글 데이터센터에 원격으로 저장하는 것이다.

조선비즈의 직원들은 회사 출범 때부터 모든 자료 생산도구를 [문서도구]로 통일했다. 다른 직장에서 널리 사용되고 있는 아래아한글, MS오피스의 기능을 [문서도구]라는 웹오피스로 대체한 것이다. 이에 따라 조선비즈 직원들은 각종 기안서를 비롯해 사업제안서, 웹사이트 콘텐츠 등 모든 업무용 자료를 하나의 도구로 생산하는 원칙을 철저하게 준수하고 있다.

생산도구의 단일화는 저장도구의 단일화와 동전의 앞뒷면 같은 관계다. 웹오피스로 자료를 만들면 100퍼센트 온라인에 저장된다. 이에 따라 자료를 여러 사람이 함께 작성하거나 작성된 자료를 다른 곳으로 보낼 필요가 있으면, 온라인에 저장된 원본자료 파일을 활용한다. 원본자료에 필요한 사람들이 함께 접속해서 첨삭하고, 이를 필요한 곳에 이메일로 보내주면 자료복제나 변형현상이 사라진다. 이처럼 하나의 사안에 하나의 원본자료만 만들어 전자결재, 외부전송, 웹사이트 게재 등 각종 업무 프로세스에 활용하는 방식을 '원 도큐먼트' 방식이라고 부른다.

• 하나의 저장장소, 하나의 저장수단이 가져오는 이점들

'원 툴'과 '원 도큐먼트' 시스템을 확고하게 구축함으로써 비로소 조선비즈는 소속원들 누구나 자신이 필요로 하는 업무자료를 언제 어디서든지 정확하게 찾아서 활용할 수 있는 기반을 마련했다.

첫째, 저장장소를 온라인으로 통일함으로써, 어떤 디바이스를 사용해도 인터넷에 연결할 수만 있다면 언제 어디서든 회사자료 파일에 접속할 수 있다. 온라인 저장을 활용하면 집, 카페, 야외 등 어느 곳에서나 자신의 업무를 정확하게 처리할 수 있다. 이른바 스마트 워킹을 실현할 수 있

조선비즈의 회의모습. 태블릿에서 '구글 문서'를 각자 보며 의논한다. '원 툴·원 도큐먼트' 원칙에 의해 종이서류로부터 해방됐다.

는 핵심기반이 쉽게 구현되는 것이다.

둘째, 저장장소를 한곳에 통합함으로써 검색범위를 획기적으로 좁혔다. 즉, 업무자료를 찾기 위해 PC를 뒤지고 USB를 만지작거릴 필요가 없어진 것이다. 대신 온라인에 접속해 저장장소에서 검색하기만 하면 된다.

셋째, 하나의 사안에 하나의 자료파일만 대응시킴으로써, 검색범위를 또다시 획기적으로 좁혔다. 이를테면 검색엔진을 이용해 자료파일을 검색하면 100퍼센트 원본자료만으로 목록을 얻을 수 있어, 원하는 자료를 한눈에 알아보기 쉽다.

넷째, 회사의 모든 업무자료를 100퍼센트 자동 아카이빙하는 효과를 거뒀다. 웹오피스를 활용해 업무자료를 만들면, 생성과 동시에 온라인에 자동으로 저장되는 덕분에 일일이 자료를 따로 저장할 필요가 없다. 이런 점 때문에 많은 비용과 노력을 들여 별도의 문서관리 시스템 또는 디지털 아카이빙 시스템을 도입할 필요성이 사라졌다. 업무자료를 100퍼센트 아카이빙하면 다양한 부수효과를 얻을 수 있다. 예를 들어 신입사원을 받을 경우, 최단 기간에 기존 아카이빙 자료를 이용해 현업 실무교육을 실시할 수 있다. 신입사원이 온라인에 접속하기만 하면 관련업무에 관한 모든 자료를 권한에 따라 열람할 수 있기 때문이다. 인사이동에 의해 보직이 바뀌더라도 온라인에 구축된 업무자료를 활용해 빠른 시간에 다른 업무에 적응할 수 있다.

다섯째, 원 툴·원 도큐먼트 원칙을 확립으로써 웹사이트 콘텐츠 관리가 획기적으로 수월해졌다. 예를 들어 최연구원은 인턴 공고를 할 때, 웹사이트용 자료를 별도로 만들지 않고 원본자료를 그대로 웹사이트에 게재한다. 페이스북 등 소셜미디어에도 원본자료 링크정보를 공유함으로써, 별도 콘텐츠를 만들지 않아도 된다. 이처럼 '원 소스 멀티 퍼블리싱one source, multi publishing'을 하면 수정이 필요할 경우 장점을 제대로 발휘한다. 모든 웹사이트에 하나의 원본을 게재했기 때문에, 원본문서만 수정하면 자동으로 모든 웹사이트의 내용이 일괄적으로 바뀌는 것이다. 그야말로 시간과 노력의 획기적인 단축이다.

웹오피스에 기반한 원 툴·원 도큐먼트 원칙을 수립한다면 누구나 업무에 필요한 자료를, 언제 어디서든 구해서 깔끔하게 일을 마무리할 수 있다. 계모가 매일 던져주는 산더미 같은 일을 일과중에 깔끔하게 처리하기 위한 직장인의 첫번째 과제는, 생산도구와 저장도구를 웹오피스 하나로 통합하는 것이다.

자료파일의 제목 구조화하기

1. 제3자도 한눈에 알 수 있도록 제목을 달자

문서 제목을 붙일 때는 개인 노트를 필기할 때 갖는 마음자세를 버려야 한다. 제3자가 봐도 무슨 내용인지를 한눈에 알 수 있어야 한다는 뜻이다. 제3자에게 자료의 핵심정보를 명확히 전달하기 위해 다음과 같은 표기방법을 제시한다.

자료파일 제목형식 (대분류)_(중분류)_(세분류)_(세세분류/임시분류)_연월일

적용 예 인사팀_신입사원 모집_공채5기_기획안(or 작성중)_20121009

표를 통해 보다 구체적으로 설명하면 다음과 같다.

[표] 자료파일 제목의 구분방법

구분	뜻	적용 사례
대분류	자료내용을 크게 그룹화할 수 있는 키워드	인사팀
중분류	자료내용을 중간 규모로 그룹화할 수 있는 키워드	신입사원 모집
세분류	자료내용을 압축해주는 키워드	공채5기
세세분류	필요할 경우 세분류보다 더 작은 분류	기획안
임시분류	필요할 경우 그 시점에 필요한 키워드	작성중
연월일	문서를 처음 만든 날짜	20121009

☐ ☆ 조경아이_2011근무평가_종합_20111221 공유한 문서	진교일
☐ ☆ 조경아이_2012 하반기근무평가_기획안_20121105 공유한 문서	진교일
☐ ☆ 조경아이_7기 수습기자_학력 경력서류 확인_20120709 공유한 문서	나
☐ ☆ 조경아이_경영본부_주간업무보고_20120426 공유한 문서	진교일
☐ ☆ 조경아이_경영본부_주간업무보고_20120809 공유한 문서	진교일
☐ ☆ 조경아이_기자 프로필 작성 양식_20120830 공유한 문서	나
☐ ☆ 조경아이_사원엠블렘제작_임직원명단_20120829 공유한 문서	나
☐ ☆ 조경아이_수상 소감문 작성 양식_20120817 공유한 문서	나
☐ ☆ 조경아이_수습기자7기모집기획_입사신체검사결과_20120709 공유한 문서	진교일
☐ ☆ 조경아이_신입공채 모집기획_20120306 공유한 문서	진교일
☐ ☆ 조경아이_인사_4대보험_20120509 공유한 문서	김정희
☐ ☆ 조경아이_인사_개인형퇴직연금제도 개요_20120801 공유한 문서	나
☐ ☆ 조경아이_인사_근로소득간이세액_20120509 공유한 문서	김정희
☐ ☆ 조경아이_인사_사직서_인쇄용양식_20121214 공유한 문서	강신기
☐ ☆ 조경아이_인사기록카드 기획_20120118 공유한 문서	나
☐ ☆ 조경아이_임직원사원번호리스트_20120203 공유한 문서	김정희
☐ ☆ 조경아이_입사 및 퇴사 업무처리절차_20120806 공유한 문서	진교일
☐ ☆ 조경아이_전 직원 인적사항 공유한 문서	김정희
☐ ☆ 조경아이_조선피디어_기자 프로필 작성 가이드_20120807 공유한 문서	나
☐ ★ 조경아이_조직도_20120409 공유한 문서	김정희
☐ ★ 조경아이_주간업무보고_20121231 공유한 문서	진교일
☐ ☆ 조경아이_주요업무수행확인서_20120607 공유한 문서	나

시간이 흐르면 나 자신도 제 3자가 돼 자료를 한눈에 알아보기 어렵다. 대분류, 중분류, 세분류와 만든 날짜를 잘 활용해 제목을 구조화하자.

2. 나도 시간이 지나면 제3자 중 하나라는 생각으로 제목을 달자

사람들은 자신이 만든 자료는 언제든지 쉽게 찾을 수 있다고 착각하곤 한다. 대부분이 자료의 제목을 단어 한 개로 구성하곤 하는 이유다. 하지만 자기 자신도 시간이 흐르면 제3자의 입장과 마찬가지로 된다는 점을 분명히 인식해야 한다.

노트를 필기할 때는 의식이 또렷해 자신의 이해를 필기에 반영한다. 하지만 시간이 한참 지나 자신의 노트를 보면 100퍼센트 내용을 복원하기 어렵다. 시간이 흐르면 자신도 제3자 입장으로 바뀌어 노트 필기 당시의 지각을 기억할 수 없기 때문이다. 따라서 제목을 구조적으로 단 다음에 자신도 제3자라고 생각하고 주관적인 표현을 수정하고 또 수정해야 한다.

3. 제목에 처음 만든 날짜를 연월일까지 제대로 달자

자료파일 제목을 구조화하면 나중에 제목만 보고도 내가 찾는 문서를 금방 고를 수 있다. 유사한 제목을 단 자료가 검색결과 목록에 많이 나타날 때, 결정적인 단서는 문서작성 또는 수정시점의 정보다. 사람의 기억 중에서 시기에 대한 기억은 몸이 머리보다 더 정확하게 기억하고 있다. 따라서 제목을 달 때 반드시 처음 문서를 만든 연월일을 정확하게 표기해주자. 수정한 날짜는 구글이 자동으로 기록해준다.

To Be World's Best Googler

2원칙

모든 자료를
처음부터 공유하라

'지식의 저주'가 직장인을 괴롭힌다

직장인들을 괴롭히는 일 중 하나는 상사로부터 지시받은 일을 처리하는 도중에 여러 차례 수정 및 보완 지시를 받는 것이다. 또 일을 마무리할 시점에 상사가 이전 결정을 뒤집을 경우엔 사표라도 쓰고 싶을 정도로 괴롭다. 내 책임영역이 아님에도 불구하고 상사로부터 야단을 맞을 때 역시 괴롭기 그지없다. 다른 부서의 협조를 받지 못해 일이 제대로 진척되지 않을 때는 화가 치밀어오르기도 한다.

이처럼 직장인들을 괴롭히는 일들은, 대부분 일과 관련된 사람과의 커뮤니케이션 과정에서 빚어진다.

첫째, 상사의 지시를 잘못 이해해 문제가 발생한다. 상사의 지시를 받았다면 가장 먼저 그 내용을 객관적으로 기술한 후 다시 한번 상사에게 확인받아야 한다. 이 과정을 거치지 않으면 지시를 잘못 이해하거나 자기 방식대로 해석할 가능성이 높다.

둘째, 일과 관련된 동료 또는 외부 파트너와의 협업에서 문제가 발생한다. 여러 팀이나 부서가 모여서 회의를 통해 합의나 결정을 했다고 치자. 이때는 반드시 정리된 내용을 쪼개서 부분별로 어떤 팀이나 부서가 담당하고 언제까지 처리해야 하는지, 취합과 조절은 누가 하는지를 명확히 해야 한다. 그렇지 않으면 반드시 문제가 발생한다. 문제가 터진 뒤 상황을 점검해보면 각자 자신에게 유리하게 결정사항을 해석하고, 애매한 경계선에 대해 적극적으로 대응하지 않은 것이 원인인 경우가 대부분이다.

셋째, 일을 하면서 수시로 보고라인, 협업라인과 새로운 정보를 공유하지 않을 때 문제가 발생한다. 즉 혼자서 판단할 때, 미스커뮤니케이션이 생기는 것이다. '별것 아니겠지' 혹은 '나중에 알리면 되겠지'라고 생각하면서 새로운 이슈나 정보를 공유하지 않으면 반드시 불상사가 벌어지기 마련이다.

위에 나열한 요인을 종합하면, 직장인들이 자기 생각에 빠질 때 일에 누수가 생김을 알 수 있다. 즉 상사의 지시를 알아들었다고 혼자 판단하고, 다른 사람들이 자기 할 일을 제대로 알고 있다고 짐작할 때, 반드시 문제가 벌어지는 것이다. 이처럼 읽는 사람 또는 듣는 사람이 자신처럼 백그라운드 지식을 알고 있다고 가정하고 글을 쓰거나 말을 하는 경향을 '지식의 저주'라고 한다. 예를 들어 누구나 알 만한 동요를 상대방에게 젓가락 소리만으로 전달하라고 하면, 마음속으로 그 동요를 부르면서 젓가락을 두드린다. 하지만 상대방은 오로지 젓가락 소리만을 들을 뿐이어서 실제로 어떤 동요인지를 맞추기 어려워진다.

드래프트 상태에서 공유하라

조선비즈 직원들은 상사로부터 일을 지시받으면, 자기 자리로 돌아가 [구글 문서도구]의 '문서'로 온라인에서 문서를 만들어 바로 보고라인 및 협업라인과 '공유'한다. 이때 문서는 제목과 간단한 개요 정도만 담은 '드래프트draft' 수준이다. 처음에 만들어진 이 문서가 해당 프로젝트의 '원본문서'이고, 공유 권한을 얻은 보고라인 및 협업라인의 사람들은 이 원본에 접속해 동시에 수정할 수 있게 된다.

이 단계에서 가장 필요한 일은 내가 조사해서 채워야 할 부분, 동료로부터 협력을 받아야 할 부분, 상사로부터 확인이나 승인을 받아야 할 부분을 구분해 문서구조를 짜는 것이다. 내가 할 일, 도움을 받을 일, 확인이나 승인을 받아야 할 일을 구분하는 작업은 일을 관련된 사람에 맞춰 단위별로 쪼개는 단계다.

일을 쪼갠 다음에는 자신이 담당해야 할 부분을 채워나가고, 협업라인에 어떤 도움이 언제까지 필요한지를 정확하게 정의해서 도움을 요청한다. 또 협업자가 온라인의 해당문서에 직접 수정하며 도움이 필요한 부분을 채워줄 것을 요청한다. 이어 보고라인에도 확인이나 승인이 필요한 부분을 콕 찍어서 도움을 요청한다. 자료내용을 다듬어가는 과정에서 상사의

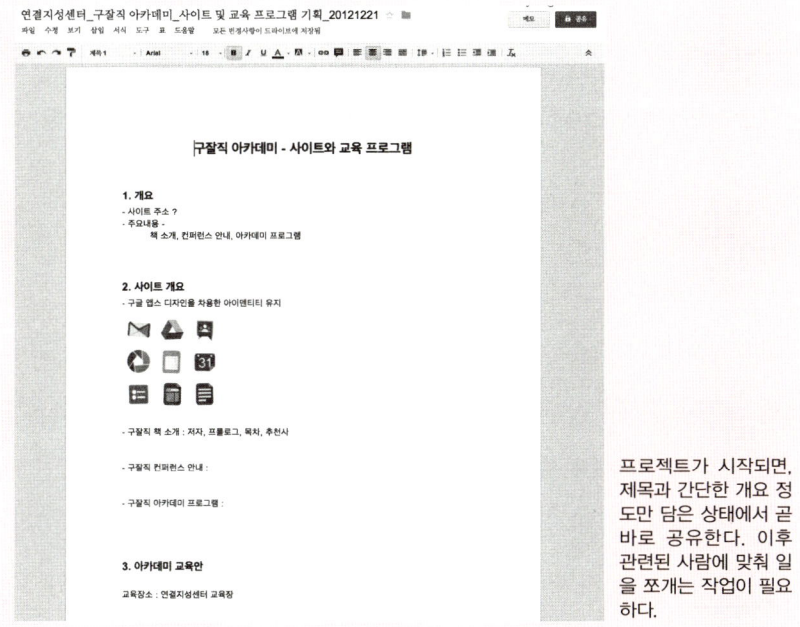

의사결정이 필요하거나, 상사의 의중을 더 명확하게 파악할 필요가 있을 경우에는 해당내용에 메모를 붙여 메시지나 이메일로 상사에게 알린다.

상사라고 해서 항상 명료한 판단 아래 업무를 지시하는 것이 아니다. 어렴풋한 감을 갖고 지시하는 경우가 많고 또 틀린 정보에 따라 지시하는 경우도 있다. 실무자가 애매한 것을 수시로 묻는 과정을 통해 상사도 자신의 의중을 스스로 명확하게 파악할 수 있다. 승인이 필요한 요소는 주로 인력, 장비, 마케팅 등에 비용이 드는 경우다. 일하는 과정에서 스스로 자금을 투입해야 할지를 파악하고, 또 보고라인을 통해 승인받는 것이 중요하다.

공유의 효과

보고라인, 협업라인과 업무를 공유하면 다양한 효과들을 거둘 수 있다.

- **업무 프로세스가 저절로 잡힌다**

어떤 일이든지 자료를 온라인 형태로 만들어 관련자들을 초대해 공유하면 일의 프로세스가 저절로 잡힌다. 부서별 고유업무는 물론, 프로젝트 성격의 업무 관리체계 역시 저절로 잡힌다. 보고라인에 있는 사람은 수시로 자료를 들여다보면서 일의 진행상황을 체크할 수 있다. 협업라인에 있는 사람은 수시로 자료에 접속해 의견을 표현하거나 관련정보를 보낼 수 있다. 프로젝트를 총괄하는 PM Project Manager은 공유자들에게 수시로 자료 업데이트 상황을 알릴 수 있고, 필요한 정보나 협조를 요청할 수 있다. 이러한 프로세스를 위해 별도의 프로젝트 관리 솔루션을 사용할 필요는 없다. [구글 앱스]를 통한 자료 공유활동 자체만으로 프로젝트를 효율적으로 진행할 수 있다. [구글 앱스]는 구글이 제공하는 웹애플리케이션이다. 도메인만 있으면 [지메일], [문서도구], [구글 캘린더] 등을 통합적으로 엮어서 이용할 수 있다.

프로세스가 잡히면 책임소재가 명확해진다. 자료를 보면 누가 어떤 부분을 맡고 있으며 어디까지 진행했는지를 한눈에 알 수 있기 때문이다. 협업도 자연스럽게 진행된다. 누가 어떤 관련자들에게 자료 보충과 업데이트를 요청했는지를 알 수 있기 때문이다. 업데이트 기록은 모두 남기 때문에 누가 어떤 작업을 했는지 역시 한눈에 알 수 있다.

공유한 문서 자체가 전체 업무상황판 역할을 하기 때문에 협업을 자연스럽게 실현할 수 있다. 이 상황판만 보면 누가 어떤 일을 했는지, 어떤 일을 해야 하는지를 알 수 있기에 협업 참가자들이 임의로 자신의 역할을 축소할 수 없다. 상황판 자체가 강력한 협업 추진력으로 작동하는 것이다.

• 커뮤니케이션 실수를 실시간 방지한다

직장에서 커뮤니케이션에 실수가 발생하는 원인은, 크게 상호확인 과정을 생략하거나 정보공유가 부족한 경우로 구분된다. 우리는 경험적으로 화자와 청자가 같은 이야기라도 서로 다르게 해석하는 현상을 알고 있다. 일에 관련된 사람들의 정보량과 질이 다를 경우에도 실수가 일어난다.

이를 획기적으로 줄일 수 있는 방안은 공통의 텍스트를 놓고 수시로 의사를 확인하고 권한과 책임을 정의하는 것이다. 공통의 텍스트란 일에 관련된 각종 정보들을 뜻한다. 밑그림 상태에서부터 문서를 공유하고 함께 완성해가면 커뮤니케이션 실수를 실시간으로 막을 수 있다. 언어, 수치, 그림 등으로 명확하게 표현된 정보를 같이 보면서 의사를 확인하고 권한과 책임을 정의하면 실수의 여지가 줄어든다.

• 전사적 마인드를 갖는다

내가 작성한 문서가 불완전한 상태에서 다른 사람에게 투명하게 공개하는 것은 쉽지 않다. 마치 내 약점을 남에게 노출시킨다는 느낌이 들 수 있다. 조선비즈가 출범한 초기에 그런 현상이 두드러졌다. 일부 직원들은 일이 한창 진행될 때까지 수첩에만 기초구상을 메모해두고 아예 디지털 자료를 만들지 않았다. 아니면 자료를 만들어놓고 혼자서 다듬으면서 보고라인, 협업라인과 공유하지 않는 경우가 많았다. 하지만 내가 맡은 일을 잘 쪼개 관련된 사람의 도움을 적절하게 이끌어내는 경험을 계속하다 보면, 일을 처음부터 공개했을 때의 장점을 실감할 수 있다. 특히 아무리 작은 일이라도 모두가 협력하는 자세에서 일을 추진하는 습관을 자연스럽게 익힐 수 있다.

회사 경영진은 늘 직장인들에게 '주인 마인드'와 '전사적全社的 마인드'를 가지라고 독려한다. 하지만 직장인 입장에서 자신의 일로 돌아오면, 자기 일의 칸막이에 안주하고 싶다. 내가 나서지 않아도 되는 일에는 나서고 싶지 않고, 필요 이상의 책임을 떠안고 싶지 않다. 그러다보면 자신의 칸막이를 보호하려는 자세가 말과 태도에 저절로 밴다. 상사가 일을 지시하면 "제 영역이 아닙니다"라는 말부터 나오고, 사고가 터져 누군가 책임을 따지면 "제가 관여한 일이 아닙니다"라고 답변하곤 한다. 이렇게 칸막이에 나를 가두면 다른 사람의 도움을 받기가 어렵다. 모두가 칸막이 속에서, 즉 자신의 업무범위 안에서만 움직이려 하기 때문이다.

'나는 한눈에 파악할 수 있는 문제를, 직원들은 왜 전혀 파악하지 못할까?' '내가 생각하는 아이디어나 착안점을 왜 직원들은 생각하지 않을까?' 나는 경영자 경험을 하면서 늘 이런 의문을 가졌다. 경영 경험을 통해 직장인들은 남의 일에 손을 대지 않으려 하는 경향을 관찰할 수 있었다. 정의되지 않은 일에 대해서도 선뜻 나서지 않았다. 대부분이 자신의 업무범위와 권한 안에서 그 지시를 받아들인다. 이런 부분적 시각에서는 자기 업무의 문제만 눈에 들어오고 내 일과 직접 관련이 없는 사안에 대해서는 뇌가 꺼진다. 부하직원 입장에서 큰 원칙을 기억하고, 세부원칙을 큰 원칙 안에서 스스로 해석해 해결책을 찾아내기란 매우 어렵다.

경영자는 늘 회사 전체 관점에서 생각하고, 직장인들은 자신의 업무범위 안에서 회사를 바라본다. 총체적 시각에서 보면 각종 문제가 한눈에 들어오고, 길거리, 술자리 등 어디에서든 아이디어가 떠오른다. 정보를 종합한 상태에서 여러 측면을 고민한 뒤 지시를 내린다. 상사는 전사적 마인드를 갖는 데 비해, 부하직원들은 칸막이 마인드를 갖는다.

내가 다른 사람의 도움을 받으려면 내가 다른 사람을 도와야 할 필요성을 느낀다. 비록 거친 상태의 자료지만 협업할 수 있는 사람들에게 온라인에서 투명하게 공개하고, 온라인 상태에서 일을 진행하기 시작함으로써 비로소 나도 다른 사람을 도울 동기를 얻을 수 있다. 중요한 것은 막연하게 도와달라고 하지 않고, 일을 작은 단위로 쪼개서 다른 사람이 도울 수 있는 부분을 콕 찍어서 도와달라고 요청하는 것이다. 도움을 명확하게 정의해서 요청하면 사람들은 대체로 마음을 움직인다. 가끔 버스터미널에서 버스비가 딱 1000원 모자란다면서 구걸하는 사람들을 보는데, 실제 돈을 받을 확률이 상당히 높다. 막연히 버스비를 좀 보태달라고 하면 누구든 선뜻 지갑을 열지 않는다.

이처럼 다른 사람의 도움을 효과적으로 받기 위해 일을 속성별로 잘 쪼개는 과정에서 저절로 전사적 마인드가 형성된다. 전사적 마인드를 갖고 모든 일을 처리하다보면 일의 효율성이 높아지고 성과도 좋아지는 것은 당연한 일이다.

업무내용 명료화 원칙

1. 자료를 누가 읽을 것인지, 독자를 의식하라

직장인들이 업무 관련자료를 만들 때, 자료를 읽는 독자가 누구인지를 잊는 경우가 많다. 독자가 누구인지를 의식하지 않으면 자신이 하고 싶은 이야기 위주로 자료를 만든다. 또 자신이 알고 있는 배경지식을 다른 사람도 잘 알고 있다고 착각하는 우를 범하게 된다. 이런 태도로 자료를 만들면 반드시 상사나 동료로부터 "이 부분을 잘 모르겠다"라는 식의 질문을 받는다.

모든 자료는 반드시 독자의 시각에서 만들어야 한다. 단 한 사람을 위한 자료라도 그 사람의 시각을 먼저 고려해야 한다. 독자가 무엇을 궁금해할지, 독자가 어떤 포인트에 주목할지를 염두에 두고 자료를 만들자. 또 가상독자가 제목과 본문 몇 줄만 읽고 핵심내용을 파악할 수 있도록 유의해야 한다.

2. 수치, 그래프 등을 사용할 때 특히 독자를 의식하라

직장인들은 자료를 만들 때 문자 이외에 숫자, 그래프, 이미지 등 비非문자정보를 많이 담는다. 특히 외부에서 만든 자료를 구해서 붙이는 것이 일반적인 관행이다. 자료를 보는 독자는 외부에서 가져온 비문자정보를 보고 한눈에 어떤 내용인지를 알기 어렵다. 외국어로 작성된 그래프일 경우 더욱 그렇다.

조사한 내용을 수치, 그래프 등 비문자 형태로 담을 때는 각주 등을 이용해 반드시 근거와 자료 해석방법을 설명해야 한다. 그렇지 않으면 온라인에서 일을 마무리하지 못하고, 얼굴을 마주하고 설명해야 한다. 결국 불충분한 설명이 대면설명으로 이어지고, 나아가 직장인의 소중한 시간을 빼앗게 된다. 직장에서 온라인 결재 시스템을 도입해도 오프라인 대면보고를 선호하는 현상의 이면을 살펴보면, 대부분 자료만으로 정확하게 커뮤니케이션하지 못하기 때문이다.

3. 자료를 명료화 clarify 하라

명료화란 담당자가 자신의 일을 제3자가 명확하게 이해할 수 있도록 객관적으로 서술하는 것이다. 서구의 지성사에서 화학 등 근대 자연과학이 연금술사의 비법문화를 이기기 시작한 것은, 논문에서 실험방법론을 모두 밝혀 제3자가 같은 방법으로 실험해서 같은 결과를 얻을 때만 지식으로 인정하는 문화를 만들어냈기 때문이다. 이에 따라 자연과학계는 당대 모든 실험지식을 공유할 수 있었고, 나아가 여러 사람이 축적한 지식을 소재로 삼아 조금씩 발전시킬 수 있었다. 뉴튼은 이런 지식축적 및 발전과정을 "거인의 어깨 위에 올라타서 세상을 바라보는 것"이라고 표현했다. 이에 비해 연금술사는 자신이 발견한 지식을 자기만의 비법으로 여겨 객관적으로 실험방법을 기술하려는 노력을 하지 않았다. 그런 문화 때문에 연금술사들이 발견한 지식들은 모래알처럼 흩어져서 축적의 힘을 전혀 발휘하지 못했다.

직장인들이 자신의 업무자료를 만들 때 자신만의 노하우라는 협소한 인식을 갖고 자기만 알아볼 수 있도록 만들면, 연금술사처럼 스스로 고립되기 마련이다. 자신의 노하우를 명료하게 표현해 다른 사람이 이 자료를 갖고 같은 결과를 얻을 수 있도록 해야 한다.

To Be World's Best Googler

3원칙

스스로 웹마스터가 되자

나를 괴롭히는 동료들

일을 하다보면 동료 때문에 속상한 상황들이 발생한다. 동료가 도와주면 금방 일을 마무리하고 내 시간을 가질 수 있을 것 같은데, 정작 그는 협조문을 보내라고 하거나 다른 일을 핑계로 요청한 업무를 미루곤 한다. 직장인들이 동료에게 의존하는 일의 유형은 크게 정보가 필요한 일, 프로세스상 합의를 요하는 일, 기능적으로 도움을 받아야 하는 일 등으로 구분된다. 이 중에서 기능적으로 도움을 받는 일이 가장 힘들다. 기능지원이 완료되기 전까지는 내 업무가 대기상태에 머물기 때문이다.

디지털 시대 직장인들이 가장 많이 필요로 하는 기능적인 요소는 인터넷과 관련된 것들이다. 21세기에 들어 인사, 회계, 홍보, 마케팅, 자재관리 등 회사업무들이 대부분 온라인화 됐기 때문에, 소속부서에 상관없이 대부분의 일이 웹사이트와 직접적으로 관련이 있다. 예를 들어 회사 공식 홈페이지는 회사 기본정보를 바탕으로 제품 소개, 조직 소개, 고객 의견 청취 등으로 구성된다. 홈페이지가 채용 접수 플랫폼, 이벤트 응모 플랫폼, 전자상거래 플랫폼 역할을 하기도 한다. 인사부서에서는 새로 사람을 뽑을 때 회사 홈페이지를 통해 접수받고, 합격통지도 홈페이지에 게시한다. 이를 위해서는 홈페이지에 채용내용을 담은 콘텐츠를 게시해야 하고, 지원양식도 회사 규정에 맞게 만들어 올려야 한다. 마케팅부서에서는 신제품을 홍보하기 위해 제품의 사진, 동영상, 소개글 등을 바탕으로 홍보 콘텐츠를 만들어 홈페이지에 게재한다. 출시 이벤트를 하려면 이를 안내하는 콘텐츠와 이벤트 응모양식도 만들어야 한다.

이처럼 디지털 시대의 직장인들은 자신의 일을 진행하거나 마무리하기 위해 인터넷 관련 기능들을 필요로 한다. 문제는 그러한 기능을 스스로 해결하지 못하고 다른 사람에게 의존하면서 발생하는 것이다. 예를 들어 신제품 기획부서에 일하는 직장인이 회사 홈페이지에 신제품을 소개한다고 해보자. 그는 회사 홈페이지 관리를 맡은 부서에 기능지원을 요청해야만 할 것이다.

물론, 정상적인 업무환경에서는 인터넷 관련 기능을 다른 사람에게 의존하는 것이 그리 큰 문제가 되지 않는다. 하지만 상사가 갑자기 신제품 홍보전략을 바꾸라고 지시할 경우처럼 예상치 못한 변수가 생길 때는 문제가 발생한다. 특히 주말이나 퇴근 후에 갑작스러운 지시가 떨어질 경우,

IT부서의 도움을 받기가 쉽지 않다. 그들이 퇴근이나 다른 업무를 핑계로 들어 처리에 시간이 걸린다고 하면, 담당자는 도움의 손길이 뻗칠 때까지 발을 동동 구르면서 애를 태울 수밖에 없다. 파트너나 고객들이 새로운 요구를 함으로써 인터넷 기능 변경이 필요할 때도 큰 고충을 겪는다. 일을 하다가 새로운 아이디어가 떠올라 홈페이지에 그 아이디어를 반영하려고 해도 혼자 힘으로는 해결할 수 없다. 다시 IT부서에 도움을 요청해야 한다.

이처럼 인터넷 기능에 대한 의존은 직장인들의 발목을 잡는 요소 중의 하나다. 이는 디지털 시대의 모든 직장업무가 직·간접적으로 인터넷과 연관을 맺고 있기 때문이다. 물론 모든 인터넷 관련 기능이 직장인들의 자유를 제한하는 것은 아니다. 흔히 회사 IT시스템을 백 엔드back-end 시스템과 프런트 엔드front-end 시스템으로 구분하는데, 보통 직장인들이 새로운 변수 때문에 애를 먹는 요소는 프런트 엔드 시스템이다. 프런트 엔드 시스템은 웹페이지에서 실제로 보이는 디자인, 게시판, 동영상, 사진 슬라이드, 입력양식 같은 것들이다.

디지털 이전 시대에 직장인들은 인터넷 대신 전화기, 팩스, 종이, 카탈로그 등을 사용해 업무를 진행했다. 인터넷이 대중화되면서 이러한 도구들을 버리고, 슬라이드쇼, 동영상, 이메일 뉴스레터 등을 통해 업무를 처리하기 시작한 것이다. 전화기나 팩스를 사용해 업무를 처리할 때는 다른 사람에게 기능을 의존할 요소가 거의 없었다. 그런데 인터넷 도입 이후에는 사이트의 페이지 하나를 바꾸려고 해도 사내 웹마스터나 웹디자이너와 같은 IT 전문인력의 도움을 받아야 한다.

이전에 혼자서도 해결할 수 있었던 일을 기술 변화로 인해 혼자서는 해결하지 못함으로써 생기는 가장 큰 폐해는 일의 프로세스가 중단되는 현상이다. 프로세스가 중단되면 우리의 시간은 대기상태가 되고, 결국 해당 업무가 마무리될 때까지 대기시간은 극단적으로 버려지는 시간이 될 가능성이 높아진다.

• **스스로 웹마스터가 되는 방법**

기업에서 직원을 채용할 때 복잡한 절차를 밟아야 한다. 채용에 필요한 콘텐츠는 채용공고, 지원양식, 필기시험 채점, 면접심사 및 채점표, 합격자 안내 등이다. 인사 담당자가 이런 프로세스를 처리하려면, 우선 채용공고문을 만들어 IT부서에 웹 게시를 의뢰해야 한다. 또 온라인 지원양식을 새로 만들 경우, IT부서에 프로그래밍을 의뢰해야 한다. 조선비즈에서는 이런 일을 인사 담당자가 모두 직접 처리한다.

조선비즈는 출범 때부터 전 직원이 자신의 업무에 필요한 웹사이트 구축 및 운영업무를 스스로 해결하는 것을 원칙으로 삼고 있다. 경영지원부는 직접 사내 인트라넷을 만들어 운영한다. 필요한 동영상이나 사진 슬라이드쇼도 직접 만들어 웹페이지에 게시하고 있다. 마케팅팀은 온라인 이벤트 사이트를 구축해 운영하고, 이벤트 참가 신청양식도 자체적으로 만들어 사용한다. 교육사업팀 역시 프로그램 홍보에서부터 수강생 모집, 합격자 통보에 이르기까지 모든 업무를 처리하는 데 필요한 웹 기능을 스스로 해결하고 있다.

개별 구성원의 웹마스터화, 이것이 조선비즈가 출범 때부터 지금까지

고수하고 있는 원칙이다. 웹마스터는 인터넷 대중화 초기에 유행했던 용어로써 웹 관리자 또는 운영자를 뜻한다. 웹사이트를 운영하는 데는 웹디자이너, 프로그래머, 서버 시스템 관리자 등이 필요하다. 프로그래머는 또 코더coder 또는 퍼블리셔publisher, 데이터베이스 개발자, 애플리케이션 개발자 등으로 세분화된다.

• 긍정의 신호들

조선비즈 지식사업팀은 1년에 크고 작은 전시회와 콘퍼런스를 10여 차례 정도 치른다. 대규모 국제행사만 해도 4~5개에 이르며, 전시회도 2회 이상 진행한다. 행사마다 웹과 관련된 일들이 수두룩하다. 하지만 단 두 명으로 구성된 지식사업팀이 웹과 관련된 일들을 모두 직접 처리하고 있다. 사내 IT부서가 따로 없기에 사내 지원을 받을 수 없고, 외부업체의 아웃소싱을 활용하지도 않는다.

지식사업팀을 이끌고 있는 홍원준 팀장은 스스로 웹사이트를 꾸미고 수시로 상황에 맞게 고치고 새로 부가하는 일을 두고 '레고 블록'이라고 표현했다. 고치고 싶을 때 언제든지 인터넷에 접속해서 자신이 직접 고칠 수 있는 점을 그렇게 표현한 것이다. 인사를 담당했던 최지웅 연구원 역시 스스로 입사지원서 양식을 작성해 회사 구글 웹사이트에 붙이고, 공채 이력서를 접수했다. 접수된 이력서는 온라인에서 심사관들과 공유하는 방식으로, 종이서류 없이 채용 프로세스를 처리했다.

이렇듯 현업 담당자가 웹마스터가 되고 나서부터, 소수의 인원으로 대형 프로젝트를 동시에 유연하게 처리할 수 있는 능력이 크게 향상됐다.

또 지원부서나 아웃소싱 업체와의 커뮤니케이션에 따르는 시간이 줄어들었다. 스스로 웹사이트를 꾸미는 과정에서 자발적으로 아이디어를 내고 이를 웹사이트에 반영하는 일들이 늘어난 것도 고무적이다. 하지만 무엇보다 가장 큰 변화는 누군가에게 의존해 자기 업무를 마무리할 때 느끼던 구속감에서 벗어났다는 점이다.

　조선비즈의 제휴사업과 마케팅을 담당하고 있는 광고제휴팀은, 다양한 사업의 대외홍보와 프로모션을 개발자와 디자이너에 의존하지 않고 대부분 팀 내에서 소화하고 있다. 사업을 준비하면서 만들어놓았던 각종 홍보 콘텐츠와 문서들을 사이트에 알맞게 정리하는 것은 물론, 간단한 이미지는 스스로 만들어 사이트를 운영하고 있다. 처음에는 몇 번의 시행착오와 어려움이 있었지만 지금은 하루 만에 뚝딱 사이트를 만들 수 있는 실력을 갖췄다. [구글 사이트 도구]에서 제공해주는 기본 기능 이외에 다양한 애플리케이션과 외부 시스템을 연동할 수 있는 경지에 이른 것이다. [사이트 도구]는 구글이 제공하는 홈페이지 서비스다.

일관생산방식의 원칙

1. 내부 결재용 자료를 웹사이트에 그대로 게재하라

조선비즈는 현업자가 웹마스터 역할을 수행하기 위해 일관생산방식 integrated production system 원칙을 세워서 지키고 있다. 즉, 기초 콘텐츠 생산에서 내부결재, 그리고 웹사이트 게재까지의 프로세스가, 마치 컨베이어 벨트와 같이 끊김 없이 자연스럽게 이어지도록 하는 방식을 철저하게 시행하고 있다.

일관생산방식은 철강산업에서 나온 개념으로 생산 효율성을 위해 철의 원광석을 배에서 하역하면서 최종 제품이 나올 때까지 생산라인을 연결한 것을 뜻한다. 철강제품 생산에서 각 생산과정이 단절되면 생산원가가 기하급수적으로 상승하기 때문에, 원광석을 녹여 최종 완제품을 만들 때까지 생산라인을 하나로 잇는다.

웹사이트에 자신이 하는 일을 게재할 필요가 있을 경우, 일관생산방식을 활용하면 복잡한 웹사이트 관련 일에서 해방될 수 있다. 일관생산방식에 기초한 웹사이트 운영은 문서뿐 아니라 스프레드시트, 프레젠테이션, 포토슬라이드, 지도 등 다양한 콘텐츠에 적용된다.

2. 내부 결재용 자료는 웹사이트 게재를 염두에 두고 만들어라

내부 결재용 자료를 만들 때 웹사이트에 게재할 것을 미리 염두에 두고 작성한다. 자신이 만드는 자료가 웹사이트에 어떻게 게재될 것인지를 머릿속에 그리면, 자료에 필요한 요소를 파악할 수 있다. 즉, 자신이 만드는 자료의 마지막 독자가 고객이라는 점을 염두에 두고 자료를 준비하는 것이다. 그런 시각을 지니면 최종 독자가 무엇을 궁금하게 여길지를 생각하면서 자료를 만들고 가다듬는다. 예를 들어 자료에서 내부용 표현을 객관적인 표현으로 고치고 그래프, 사진 등의 시각자료를 덧붙이는 식이다.

3. 내부 보안이 필요할 경우, 별도로 공개용을 만들어라

내부용으로 만든 자료 중에서 외부에 공개하기 어려운 내용을 포함하고 있을 경우, 내부 결재용 자료를 바탕으로 '_공개용'이라는 작은 제목을 붙여 원본자료와 별도로 문서를 만든다. 예를 들어 신입사원을 새로 뽑기 위해 자료를 준비한다고 가정하자. 그러면 먼저 '인사총무_신입사원 2013_선발기준_20121220'이라는 내부 의사결정용 자료를 만들어, 회사가 필요로 하는 인재상에 대한 의견을 취합한다. 그런데 이 자료를 그대로 웹사이트에 게재할 수는 없다. 지원자들에게 노출해서는 안 되는 내부 의견을 포함하고 있기 때문이다. 이런 사안에 대해서는 원본문서를 복사한 다음, '인사총무_신입사원 2013_선발기준_공개용_20121220'라고 제목을 단 뒤 본문에서 내부 의사결정용 부분을 없애고, 지원자들이 궁금하게 생각할 부분을 추가해 완성한다.

4. 웹사이트 게재 시 외관보다 메시지 전달에 집중하라

일관생산방식에 따라 자료원본을 웹사이트에 그대로 게재하면, 외관이 다른 웹사이트에 비해 투박하고 거칠 것이다. 모양이 예쁘지 않더라도 반드시 원본을 웹사이트에 그대로 게재하는 원칙을 지켜야 한다. 특히 내부 보고라인에서 웹사이트 외관에 대한 지적이 나오더라도 일관생산원칙을 다시 설명하면서 이해를 구해야 한다.

5. 원 소스-멀티 퍼블리싱을 적극 활용하라

일관생산방식을 활용하면 외부 공개용 자료를 웹사이트뿐 아니라 페이

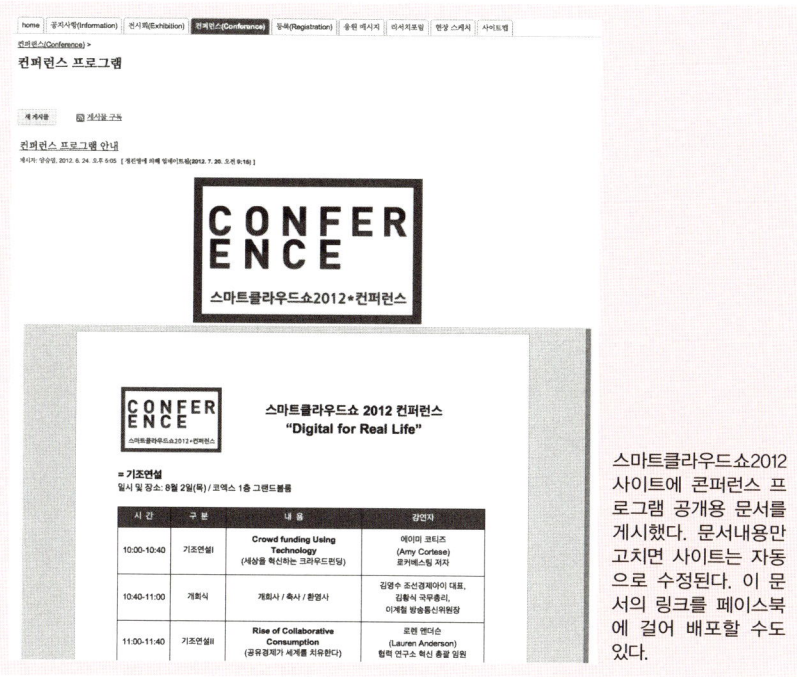

스마트클라우드쇼2012 사이트에 콘퍼런스 프로그램 공개용 문서를 게시했다. 문서내용만 고치면 사이트는 자동으로 수정된다. 이 문서의 링크를 페이스북에 걸어 배포할 수도 있다.

스북, 트위터, 카카오톡 등 다양한 플랫폼에 자료를 게재할 수 있다. [구글 문서도구]는 하나의 자료를 여러 플랫폼에 게재하는 기능을 제공하기 때문이다. 원소스-멀티 퍼블리싱의 장점은 자료수정이 필요할 경우, 원본자료에서 수정작업을 하면 여러 플랫폼에 게재된 자료도 자동으로 수정할 수 있다는 점이다. 여러 곳에 자료를 게재해도 [구글 드라이브]에서 수정이 필요한 자료를 검색해서 본문내용을 수정하는 것으로 작업을 깔끔하게 마무리할 수 있다.

2부

구글을 가장 잘 쓰는
직장인이 되기 위한
실전 매뉴얼

1장. 구글을 자기관리의 종합 플랫폼으로 활용하라 | 2장. 구글로 인사총무를 혁신하라 |
3장. 구글을 최적의 마케팅 도구로 이용하라 | 4장. 구글을 통한 교육은 협업을 이끌어낸다

1장

구글을 자기관리의 종합 플랫폼으로 활용하라

To Be World's Best Googler

자기관리

지메일은
자기관리 플랫폼이다

자기관리의 핵심 3요소는 시간관리, 인맥관리, 자료관리다. 시간을 효율적으로 사용하고 필요한 사람들과 적절하게 커뮤니케이션한다면, 하루를 보람 있게 보낼 수 있다. 아울러 내가 얻거나 만드는 각종 자료를 잘 쌓아두면서 필요할 때마다 즉시 꺼내 쓸 수 있어야 내 삶을 편안하게 꾸릴 수 있다.

[구글 앱스]는 자기관리에 필요한 요소들을 각기 별도의 메뉴로 제공하고 있다. 예를 들어 [구글 앱스]는 시간관리도구로 [구글 캘린더]를 제공하고 있는데, 일반 일정관리 프로그램처럼 날짜, 시간, 장소 등 개인 일정 정보를 기입할 수 있도록 설계돼 있다. 또 개인 일정을 다른 사람과 공유할 수 있는 기능과 외부 캘린더를 자신의 캘린더로 가져올 수 있는 기능을 갖추고 있다. [캘린더]와 관련이 깊으면서도 약간 독립적인 자기관리요

소는 [할 일 목록]이다. [캘린터]가 대체로 회의, 방문 등 약속이나 이벤트 위주라면 [할 일 목록]은 개인 프로젝트성이 강하다. 따라서 캘린더와 별도로 내가 해야 할 일의 목록을 정리해놓고, 또 우선순위를 정해 마감시간을 의식하면서 업무를 처리해야 한다.

또한 [구글 앱스]는 인맥관리도구로 [구글 주소록] 서비스를 제공하는데, 이메일을 비롯해 전화번호, 소속회사 및 기관, 직책, 회사주소 등 다양한 정보를 보관하는 역할을 한다. [구글 앱스]에서 자료를 공유하거나 메시지를 주고받을 때 컨택포인트 역할도 한다. 자료관리도구로는 [구글 드라이브]가 있다. [드라이브]는 [구글 문서도구]라는 웹오피스로 만든 각종 자료를 보관하는 곳이며, 이메일에 첨부된 자료를 보관하는 곳이기도 하다. 또 PC에 보관된 자료를 업로드해 보관하는 장소이기도 하다.

위와 같은 자기관리의 3대 핵심도구의 중심 플랫폼은 뭐니 뭐니 해도 [지메일]이다. 직장인들의 자기관리 행태를 보면 대부분 이메일관리, 일정관리, 자료관리를 따로 하고 있다. 이렇게 자기관리 시스템을 움직이면 인맥관리, 일정관리, 자료관리 등 자기관리요소들이 따로 놀면서 시너지를 발휘하지 못할 가능성이 높다. 예를 들어 이메일을 통해 미팅 관련정보가 오가고, 이메일을 통해 새로운 인맥정보가 발생하는 별도의 관리도구를 사용할 경우, 여러 도구를 오가면서 관련정보를 업데이트해야 한다. 이 과정에서 조금 게으름을 피우면 자기관리에서 허점을 드러내고 큰 실수를 범할 수도 있다.

[지메일]은 일반 웹메일처럼 텍스트 중심으로 이메일을 주고받는 역할에 충실하다. 그러면서도 [드라이브], [주소록], [캘린더]를 정밀하고 정확

하게 이어주는 허브 역할을 하는 데 초점을 맞추고 있다. 따라서 [지메일]을 단순하게 이메일 관리도구로 사용하는 데 그치지 않고 시간, 인맥, 자료 등 자기관리의 핵심요소를 자유자재로 다룰 수 있는 수준까지 기능을 익혀야 한다. 이메일을 자기관리의 중심 플랫폼으로 삼을 때도 원 툴·원 도큐먼트 원칙을 그대로 적용해야 한다. 즉, 여러 이메일 계정을 하나의 이메일 계정으로 모으고, 여러 곳에 분산돼 있는 주소록을 하나의 주소록에 통합하고, 여러 곳에 저장된 업무자료를 하나의 저장공간에 모아야 한다.

이메일을 자기관리 플랫폼으로 세팅하라

이메일 하나만으로도 우리는 얼마든지 효과적으로 자기관리를 실현할 수 있다. 다음은 그 구체적인 방법이다.

• 이메일 메시지를 통해 일정 만들기

요즘 사람들은 이메일, SMS, 모바일 메신저 등을 통해 커뮤니케이션하면서 약속에 관한 메시지를 주고받는다. 자신이 스스로 미팅 일정을 관련자와 타진하기도 하고, 소속된 모임으로부터 초대장을 받기도 한다. 고전적인 시간관리기법은 달력 형태의 종이수첩에 약속을 펜으로 써넣는 것이다. 하지만 디지털 시대에 들어서서 하루에도 수십 개의 일정과 관련된 메시지를 이메일, 메신저, SMS를 통해 주고받기 때문에 일일이 종이수첩에 기입하기 어렵고, 결국 일정을 통제하기 버거운 수준에 이른다.

온라인 커뮤니케이션에서 발생하는 일정요소를 잘 관리하는 길은 이메일과 연계해 일정을 만드는 것이다. [지메일]에서 '더 보기' 메뉴를 클릭하면 '일정 만들기' 메뉴를 볼 수 있다. 이 메뉴를 클릭하면 이메일 내용을 [캘린더]에 그대로 넣어 새로운 일정을 만들 수 있다. 이메일을 통해 일정 관련문의나 알림 메시지를 받으면 즉석에서 '일정 만들기'를 통해 [캘린더]에 일정을 생성해야 한다. 반대로 내가 여러 사람과의 미팅을 주재할 때 [지메일]의 '초대장' 기능을 활용해 일정을 관리할 수 있다. 이메일로 약속이나 미팅을 주선할 때, '쓰기'를 클릭한 다음 '파일 첨부' 옆에 있는 '초대장'을 클릭하면 원하는 날짜와 시간을 정하고 약속 대상자들을 이메일로 초청할 수 있다. 이메일로 초대장을 받은 사람은 참석 여부에서 '예' 또는 '아니오'를 클릭함으로써 약속을 확인하고 자기 캘린더에 반영한다.

• 이메일을 활용해 즉석에서 [할 일 목록] 만들기

이메일은 일정 관련정보뿐 아니라, 내가 해야 할 일에 관한 정보를 담는 그릇이다. 세금 납부고지서를 이메일로 받으면 반드시 마감 전에 세금을 납부할 수 있도록 [할 일 목록]에 올려두고 수시로 기억해야 한다. 상사로부터 특정업무를 처리하라는 메시지를 이메일로 받으면, 그 이메일에서 할 일을 추출해 표시해둬야 한다. 이처럼 [할 일 목록]에 정리할 것들은 대부분 마감시간이 정해져 있는 일들이다.

이메일을 받은 뒤, 그 내용 자체를 '더 보기' 메뉴에서 '할 일 목록에 추가' 메뉴를 이용해 바로 추가하면, 이메일 내용을 중심으로 할 일 목록을 만들 수 있다. [할 일 목록]은 생성 순서대로 늘 컴퓨터화면에 따라다니기 때문에 PC를 이용할 때마다 기억을 상기시켜주는 역할을 한다. 또 [할 일 목록]은 이메일 메시지를 활용해서 만들기 때문에 '관련 메일'을 클릭해 목록과 관련된 이메일 자료를 언제든지 열람할 수 있다. ([할 일 목록] 활용법은 다음 편 '지메일은 할 일 목록이다'(78페이지)에서 자세히 다룬다.)

• 이메일 첨부파일은 반드시 [구글 드라이브]에 올리자

이메일을 주고받을 때 워드프로세서, 스프레드시트, 사진, 프레젠테이션 등 각종 자료파일을 첨부하는 것이 일반적인 관행이다. [지메일]을 통해 첨부파일을 외부로부터 받으면 반드시 [드라이브]에 올리는 것을 버릇처럼 실행해야 한다. [문서도구]와 호환이 되는 파일일 경우 [지메일]에서 '구글 문서도구로 열기'를 이용해 온라인에 바로 올릴 수 있다. 호환되지 않는 파일은 다운로드받은 뒤 [드라이브]의 '업로드' 기능을 이용해 별도로 [드라이브]에 올릴 수 있다. 이메일에 첨부된 상태 그대로 유지해도 나중에 메일함에서 자료를 찾아서 활용할 수 있다. 하지만 [드라이브]에 올려놓으면 자료첨삭을 하거나 다른 사람과 공유하는 장점을 활용할 수 있다.

• 새로운 사람의 이메일에서 [구글 주소록]을 등록하라

이메일을 처음 주고받는 사람일 경우 [지메일]에서 '주소록 목록에 ㅇㅇㅇ 님 추가'라는 기능을 이용해 [주소록]에 바로 새로운 주소를 등록할 수 있다. 이메일에서 주소록을 추출해 등록할 경우 휴대전화번호가 추가되지 않는다. 중요한 인맥일 경우 휴대전화번호를 추가 기입하도록 하자. 구글이 [구글 플러스] 서비스를 시작한 이후, 새로운 사람으로부터 이메일을 받을 경우 [구글 플러스]를 통해서도 인맥을 맺을 수 있다. [지메일]의 오른쪽 화면에서 새로 접촉한 사람의 구글 프로필 정보를 바탕으로 '주소록에 추가' 메뉴를 클릭하면 그 사람 주소록을 자기 주소록에 추가한다.

새로운 사람으로부터 이메일을 받을 때 주소록 추가 기능을 이용해 꼬박꼬박 주소록에 등록해두면 여러모로 편리하다. 특히 스마트폰과 주소록을 연계해 사용함으로써, 스마트폰 주소록을 풍부하게 만드는 효과를 발휘한다. 이메일을 통한 새로운 주소록 등록을 게을리하면 외부에서 PC를 휴대하지 않은 상태에서 급하게 연락할 경우 다시 메일함을 뒤지느라 시간을 허비하게 된다.

하나의 이메일, 하나의 주소록

원 툴·원 도큐먼트 원칙은 이메일 관리에도 적용된다. 다음과 같은 방법을 통해 효과적으로 이메일을 관리할 수 있다.

• 개인 이메일을 하나로 통일하라

유무선 메신저가 유행할 때 이메일의 종말을 주장하는 사람들이 있었다. 이들은 메신저로 소통하고 필요한 자료를 첨부해 주고받을 수 있기 때문에 굳이 메일함을 열어 작업하지 않을 것이라고 전망했다. 하지만 인터넷이 등장하고 나서 이메일은 검색과 더불어 지금까지 핵심가치를 그대

다양한 이메일 계정을 한곳에서 관리하자. 지메일, 네이버메일, 한메일 등은 모두 자동 포워딩 기능을 제공한다.

로 유지하면서 확대발전해왔다. 인터넷의 알파와 오메가는 '이메일'과 '검색'이라고 할 정도로 이메일은 인터넷의 핵심가치 역할을 하고 있다. 앞서 소개했듯이 자료관리, 인맥관리, 일정관리 등 자기관리의 핵심요소도 이메일을 중심으로 이뤄진다. 따라서 직장인들은 자기관리의 핵심 플랫폼으로 이메일의 중요성에 주목하고 자신의 이메일 사용실태를 돌아봐야 한다.

아마 대부분의 직장인들은 네이버, 다음 등 국내 포털의 웹메일 계정을 개인 이메일로 사용하고 있을 것이다. 또 직장 등 소속조직의 인터넷 도메인이 붙은 이메일을 명함 등에 인쇄해 공식 이메일로 사용하고 있을 것이다. 이밖에 해외 관련 일을 하거나 유학 경험이 있는 직장인들은 핫메일, 야후메일, 지메일 계정을 한두 개 정도 갖고 있을 것이다. 이메일을 자기관리 플랫폼으로 삼으려면, 다양한 이메일 계정을 한곳에서 관리해야 한다. 즉, 핵심 이메일 계정에 다른 계정으로 들어오는 메시지가 자동으로 전달되도록 해야 한다. 이런 기능을 '포워드foward' 기능이라고 하며 웬만한 웹메일은 계정관리 메뉴에서 포워드 기능을 제공하고 있다.

다양한 개인 이메일을 하나의 계정에 모이도록 통합하면, 그때부터 이메일을 중심으로 일정관리, 자료관리, 인맥관리를 효과적으로 수행할 수 있다. 꼭 사적인 개인 이메일을 운영해야 할 경우에는 그 계정에서 일정관리나 인맥관리를 하지 않고 메시지만 관리하는 것이 효과적이다.

• 주소록도 한곳에 통합하라

이메일을 자기관리 플랫폼으로써 잘 사용하려면 주소록을 완전하게 만들어 늘 최신상태로 관리하는 것이 가장 중요하다. 이메일은 누군가에게 전달하기 위해 탄생한 디지털 기술이기 때문이다. 전달하려면 전달할 사람의 이름, 직책 그리고 그 사람의 고유 이메일 주소, 휴대전화번호 등 수신자의 정보가 필요하다. 그런데 주소록은 자기관리에서 가장 까다로운 관리대상이다. 주소록의 형태가 다양하고 또 내용이 수시로 바뀌기 때문이다.

주소록 관리에서 가장 어려운 부분은 주소록에 등록해야 할 새로운 정보가 매달 쌓이는 것이다. 우선 주소록은 종이명함, 디지털 명함, 주소록 수첩, 종이 조직도, 스프레드시트 등 다양한 형식에 담겨서 유통되고 있다. 즉, 주소록 정보를 담은 매체가 제각각이고, 정보형식도 제각각이어서 이메일 주소록 형식에 맞춰서 통일하기가 쉽지 않다. 또 내가 필요한 주소록은 고교 및 대학동창을 비롯해 사적인 인간관계에서부터 주요 파트너, 관공서 담당자 등 대외 관계, 회사 직원명부, 관계사 직원명부 등 주소록 소스도 제각각이어서 일괄적으로 정보를 입수해 관리하기란 거의 불가능에 가깝다.

주소록 관리의 출발은 [주소록]으로 기존의 모든 주소록 관리 요소를 통합시키는 것이다. 아울러 하나의 [지메일] 계정에 포함된 [주소록]만으로 모든 주소록 정보를 통합 관리해야 한다.

• 주소록 관리를 팀 차원에서 협업하라

하나의 이메일 계정, 그리고 그 계정에 딸린 주소록만으로 자기관리를 할 수 있는 태세를 갖췄다고 해서 자기관리 수준을 획기적으로 높일 수 있는 것이 아니다. 특히 주소록 관리는 직장인 개인 차원에서 수행하기란 낙타가 바늘구멍을 통과하는 것만큼 어려운 것이다.

조선비즈는 회사 출범 때부터 주소록을 협업으로 함께 관리하는 것을 목표로 삼고 체계적으로 필요한 시스템과 프로세스를 만들었다. 가장 먼저 착수한 일은 각 직원이 보유하고 있는 명함을 한데 모아 명함스캐너로 디지털화하는 작업이었다. 명함스캐너로 디지털화한 각종 명함 정보를 다시 [주소록] 형식에 맞게 변환했다. 둘째, 사내 직원명부와 관계사 직원명부를 디지털 형태로 만들어 역시 [주소록] 형식에 맞게 변환했다. 셋째, 각자 스마트폰 명함스캐너 앱을 설치하게 했다. 수시로 받는 종이명함을 스캐닝해 [주소록]에 올리도록 한 것이다. 넷째, 각종 모객을 통해 입수한 고객정보 역시 [주소록] 형식으로 변환해 파일을 올리도록 했다. 다섯째, 분기별로 한 차례씩 주요고객 인적정보를 조사해 [주소록]에 반영했다.

위와 같은 방식으로 개인 주소록과 회사 공통 주소록을 [주소록] 형식에 담아 개인에게 배포했다. 하지만 이런 방식은 특정 시점에서 유용할 뿐, 시간이 지나면 또 비효율성을 띠게 된다. 이런 문제를 해결하기 위해 회사 차원에서 공통으로 관리해야 할 주소록과 개인 차원에서 관리해야 할 주소록을 구분하고, 회사 관리용 주소록은 경영지원팀에서만 생산해 다른 사람에게 온라인으로 공유하는 시스템을 구축했다.

• 이메일 플랫폼과 스마트폰을 결합시켜라

지금까지 등장한 자기관리도구들의 단점은 PC에서만 사용할 수 있다는 점이다. 일부는 휴대전화에서 사용이 가능하기도 했지만, 몇 개 기능만 쓸 수 있을 뿐 PC에서 사용하는 모든 기능을 사용할 수 있는 것은 아니었다. 가령 이메일을 휴대전화로 주고받을 수 있지만, PC에서 만든 워드프로세서나 프레젠테이션 파일자료를 휴대전화로 보낼 수는 없었다.

[지메일]을 자기관리의 종합 플랫폼으로 사용하는 데 있어 스마트폰은 화룡점정이다. [지메일]은 이메일을 중심으로 주소록, 문서자료, 캘린더 등을 모두 온라인에 한데 묶어두기 때문에 스마트폰에서도 PC에서 하는 작업을 모두 처리할 수 있다. 이는 직장인들에게 완전히 새로운 세계를 열어줄 수 있다. 스마트폰을 휴대하고 이동통신에 접속할 수 있는 곳에서는 언제든지 상사나 파트너의 각종 요청에 즉각 대응이 가능하기 때문이다.

스마트폰의 위력은 모든 자료를 웹오피스로 생산하면서 처음부터 공유하면 기하급수적으로 상승한다. 외근중이든 휴식중이든 스마트폰으로 업무처리가 가능하기 때문이다. 스마트폰으로 작업을 하는 데 불편한 점을 굳이 꼽으라면 화면 크기와 키보드 크기가 작아 문서를 생산하기가 불편하다는 점 정도다.

스마트폰으로 자기관리 극대화하기

1. 스마트폰으로 즉시 대응하라

온라인에 업무 관련자료를 100퍼센트 아카이빙해놓고, 필요한 주소록을 잘 정비하고 있으면 사무실 밖에서 어떤 요구를 받아도 즉시 대응할 수 있다. 특히 태블릿 또는 PC를 휴대하고 있지 않아도 스마트폰으로 버스나 지하철에 앉아서 필요한 자료를 찾아서 바로 전송할 수 있다. 예를 들어 [드라이브]에서 필요한 자료를 검색한 다음 '공유' 기능에서 '이메일에 첨부해서 보내기'를 활용하면 온라인 자료를 이메일에 첨부해 필요한 사람에게 보낼 수 있다.

직장인에게 사무실 밖에서 회사나 파트너의 요구에 즉시 대응할 수 있는 시스템을 갖추는 것은 매우 중요하다. 언제 어디서나 업무 관련 요구에 즉시 대응할 수 있으면 내 시간이 토막나지 않고 내 스케줄대로 진행 가능하다. 만약 즉시 대응이 10분 이내로 끝나지 않으면 내 스케줄은 꼬이기 시작하고 어떤 경우에는 회사로 발길을 돌려야 할지 모른다. 그런 맥락에서 업무자료 온라인 아카이빙과 완벽한 주소록 구축은 아무리 강조해도 지나침이 없다.

2. 스마트폰 주소록과 [구글 주소록]을 동기화시켜라

[주소록]은 스마트폰의 주소록과 연계하면 여러모로 편리하다. 우선 스마트폰을 분실할 경우에 대비해 주소록을 백업할 수 있다. 둘째, 스마트

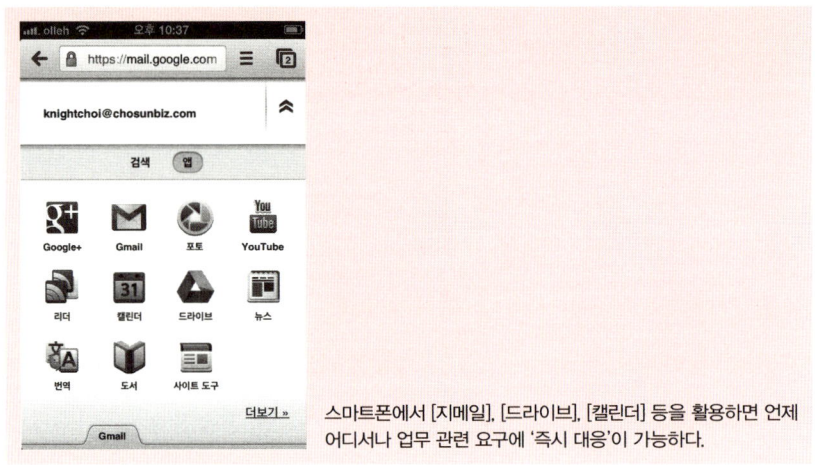

스마트폰에서 [지메일], [드라이브], [캘린더] 등을 활용하면 언제 어디서나 업무 관련 요구에 '즉시 대응'이 가능하다.

폰에서 새로 등록한 주소록을 [주소록]에 반영해 이메일을 보낼 때 활용할 수 있다. 이밖에 스마트폰용 앱 중에서 명함스캐너 앱을 통해 종이명함을 스캐닝해 스마트폰 주소록에 새로 등록하는 방법을 가미할 수도 있다. (스마트폰 환경설정 화면에서 구글 계정과 스마트폰 주소록을 동기화하는 메뉴가 있다. 지메일 주소를 넣으면 동기화 계정 추가 끝. 주소록 활용법은 '구글 주소록은 인맥관리 도구다' 편에서 자세히 다룬다.)

3. 스마트폰 일정관리 앱 중에서 [구글 캘린더]와 동기화되는 것을 선택하라

스마트폰의 애플리케이션 마켓플레이스에서 유통되는 여러 일정관리 앱 중에서 [캘린더]와 연동되는 것을 사용하면, PC와 스마트폰 등 어떤 디바이스에서 일정관리 작업을 해도 하나의 일정을 관리할 수 있다. 예를

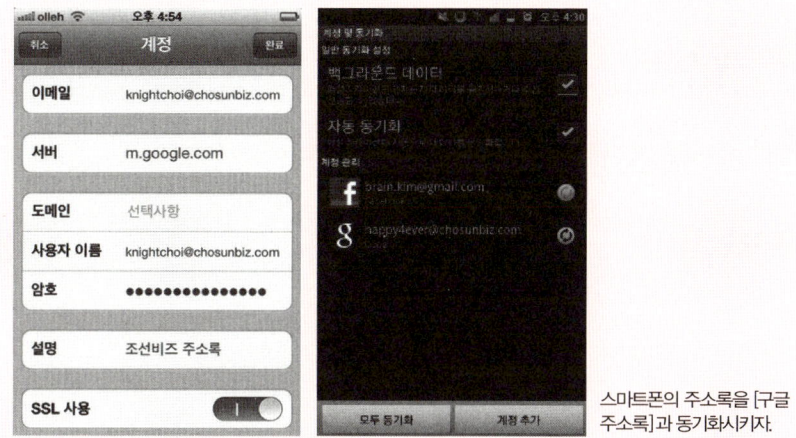

스마트폰의 주소록을 [구글 주소록]과 동기화시키자.

들어 스마트폰에서 약속을 새로 만들면, 회사 PC에서도 스마트폰에서 만든 일정을 보면서 자신의 스케줄을 미리 가늠할 수 있다. 반대로 회사 PC를 보며 약속을 잡고 외부에서 스마트폰으로 일정 알림을 받음으로써 약속에 미리 대비할 수 있다. 삼성전자의 갤럭시 시리즈를 사용하는 사람은 출고할 때부터 스마트폰에 깔린 'S메모'를 활용하면 [캘린더]와 동기화하면서 사용할 수 있다.

To Be World's Best Googler

자기관리
지메일은
할 일 목록이다

디지털 시대, 직장인의 업무는 이메일에서 시작해 이메일로 끝난다고 해도 과언이 아니다. 상사가 업무를 이메일로 지시하고, 다른 부서나 외부에서 업무협조를 요청할 때도 이메일을 이용한다. 따라서 대부분의 직장인들은 하루에 적게는 수십 통, 많게는 수백 통씩 이메일을 받곤 한다(물론, 스팸성 메일까지 포함해서). 상황이 이렇다보니 이메일을 통해 발생한 업무의 처리시기를 놓치는 경우가 자주 발생한다. 이메일을 열고 그 즉시 답장을 하거나 해당내용을 처리하지 않으면, 새로 들어오는 이메일 목록에 밀려 시야에서 사라지기 때문이다. 매일 수백 통씩 이메일을 받는 직장인의 경우, 이런 현상이 더욱 빈번하게 일어난다.

이렇게 처리시기를 놓치면 여러 가지 문제가 발생하고 낭패를 겪기도 한다. 마감시간을 지나서 일을 처리하게 될 때도 있고, 예의를 갖춰 답장해야 하는 상사나 파트너에게 늦게 연락하는 결례를 범하기도 한다. 이메일을 통한 일처리를 빈틈없이 하려면 '할 일 목록'을 잘 만들어야 한다. 꼭 처리해야 할 이메일을 받았는데 즉시 답장할 상황이 아니라면, 할 일 목록에 올려놓아 늘 자신의 눈에 띄도록 해야 한다는 말이다. 다음은 구글의 [할 일 목록] 기능을 업무관리에 적용한 경험담이다.

업무능력은 '반응성 메일'의 처리능력과 직결된다

진교일, 경영지원부장

나는 대부분의 업무를 이메일을 통해서 처리한다. 회사업무뿐 아니라 개인적인 일을 볼 때도 가장 많이 사용하는 수단이 이메일이다. 인터넷이 생활의 중심으로 자리매김하면서 이메일이 커뮤니케이션의 가장 보편적인 수단이 됐기 때문이다. **이메일을 통해 업무를 처리하는 데 있어 가장 중요한 것은 이메일을 통해 발생한 일의 우선순위를 정하는 것이다. 그리고 두 번째는 마감시간 안에 해야 할 일을 잊지 않고 제때 처리하는 것이다.**

먼저 나는 내가 받은 메일을 '단순 정보성 메일'과 행동을 필요로 하는 '반응성 메일'로 분류한다. 이 분류는 임의적으로 정한 것이다. 정보성 메일은 각종 뉴스레터들, 페이스북의 알림메일, 각종 연구소들에서 보내주는 정보메일 등이다. 반면 반응성 메일은 반드시 어떤 반응을 보여야만 하는 것들로, 업무 관련 메일이 대부분이다. 업무처리를 얼마나 잘하느냐는 이런 반응성 메일을 어떻게 분류하고 체계적으로 관리하며 처리하느냐에 달려 있다. 반응성 메일을 받고 업무를 처리하다보면, 한두 가지 일들은 뒤로 미루거나 우선순위에서 제외하게 되는데 이런 메일들은 따로 기억해두지 않으면 제때 처리하지 못하는 경우가 종종 발생한다. 또한 업무의 우선순위에 따라서 메일을 관리하지 않으면 중요하지 않은 일들을 먼저 하고, 정작 중요한 일은 나중에야 급하게 처리하는 경우도 생긴다.

그렇다면 어떻게 해야 반응성 메일을 잘 관리할 수 있을까. 나는 구글 [지메일]과 [할 일 목록]을 연계해 업무를 관리하면서부터 중요한 일을 급하게 처리하는 비중이 감소했다.

[할 일 목록]의 중요한 기능 중 하나는 [지메일]을 열 때마다 오른쪽 하단에 직사각형 박스가 함께 실행되는 것이다. 이런 시각적 효과 때문에 이메일을 체크할 때마다 내가 먼저 처리해야 할 일을 한눈에 볼 수 있다. 늘 사용하는 도구에서 내게 중요한 일의 신호를 받다보면 우선 처리해야 할 일이 무엇인지를 수시로 인지할 수 있기 때문이다.

[할 일 목록]을 이용해 일을 처리하는 방식을 소개하기 전에 구체적인 기능부터 먼저 소개하겠다.

웹브라우저에서 [지메일]을 실행하면 오른쪽 하단에 작은 직사각형의 창으로 [할 일 목록]이 함께 실행된다. [할 일 목록]은 MS아웃룩 등 다른 개인정보관리 프로그램에서도 반드시 제공하는 기본 프로그램이다. [지메일]의 [할 일 목록]이 지니는 특징은 이메일로 받는 내용을 바로 목록에 표시할 수 있도록, 이메일 콘텐츠와 [할 일 목록]을 연동시킨 점이다.

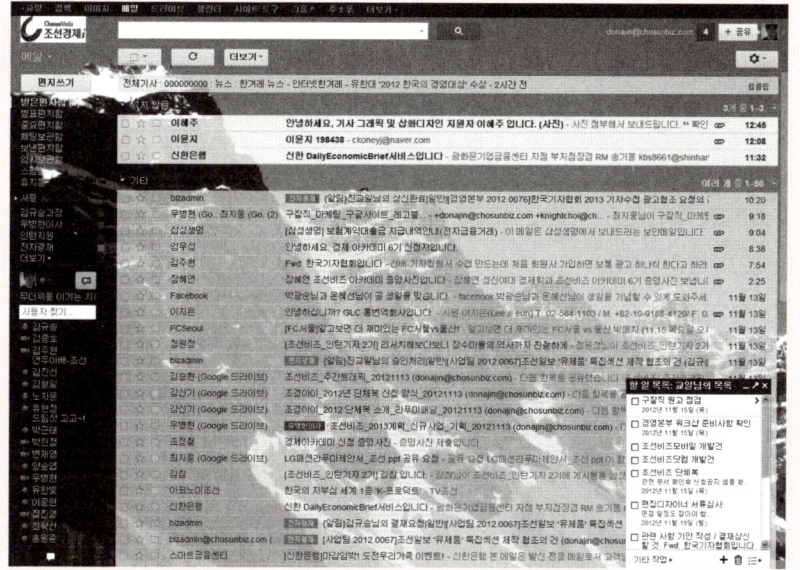

이메일로 받은 것을 곧바로 [할 일 목록]에 추가할 수 있다.

이메일을 열어 내용을 읽은 다음 '더 보기'라는 메뉴를 클릭하면 '할 일 목록에 추가'라는 메뉴를 곧바로 볼 수 있다. 이 메뉴를 클릭하면 이메일 제목과 본문내용이 [할 일 목록]의 맨 위에 추가된다.

  이메일로 요청받은 업무내용을 [할 일 목록]에 이메일과 묶어서 올려두면, 나중에 이 일을 처리하기 위해 [할 일 목록]의 메뉴 중 '관련 메일'을 클릭하면 바로 그 메일을 열람할 수 있다. 개별 목록을 클릭해 '기한'이라는 메뉴를 통해 마감시간을 정할 수도 있고, '메모'를 통해 간단한 메모를 추가할 수도 있다. 물론 [할 일 목록]에 이메일과 관련이 없는 새로운 내용을 별도로 추가할 수도 있다. 이메일을 열람하다가 갑자기 생각나는 업무가 있으면 '+' 메뉴를 클릭해 내용을 간단히 적으면 [할 일 목록]에 추가된다.

나는 내가 처리하는 업무의 형태를 중요성과 시간을 중심으로 네 가지로 분류해봤다. 중요한 일을 급하게 처리하는 경우, 중요한 일을 급하지 않게 처리하는 경우, 중요하지 않은 일을 급하게 처리하는 경우, 중요하지 않은 일을 급하지 않게 처리하는 경우가 그것이다. 이 중 어느 경우가 많아야 일을 잘하는 사람일까. 당연히 중요한 일을 급하지 않게 처리하는 경우가 많아야 한다. 하지만 대부분의 업무를 처리하다보면 중요한 일을 급하게 처리하는 경우가 많다. 이런 경우 실수가 발생하기 쉽고 결국 회사나 자신에게 불이익을 가져올 수 있다. 나 역시 미리미리 업무를 준비하거나 처리하지 않은 경우에는 마감에 닥쳐서 중요한 일을 급하게 처리하게 되는 상황이 생기곤 했다.

[할 일 목록]을 이용하면서 얻은 가장 큰 효과는, 수시로 사용하는 디지털 도구인 이메일에서 시간을 갖고 처리해야 할 중요한 일이 있다는 신호를 함께 받는 것이다. 오프라인 세계에서는 비서나 참모가 그런 역할을 해주는데, 다시 말해 [할 일 목록]은 비서와 같은 역할을 수행해주는 도구라 할 수 있다. 만약 자신이 처리해야 할 일의 목록을 별도 프로그램이나 종이수첩을 통해 관리한다면, 굳이 시간을 내서 그 프로그램을 작동시키거나 수첩을 들여다봐야만 목록을 확인할 수 있다. 하지만 나는 이메일을 사용할 때마다 중요한 일이 있다는 신호를 받는다. 즉, 이메일 자체를 [할 일 목록]으로 만들면 자기관리 프로세스를 획기적으로 단순화할 수 있는 것이다.

[할 일 목록]으로 업무능력 강화하기

1. 메일로 업무지시를 받으면, 확인 즉시 [할 일 목록]에 추가하라

만약 잠깐의 번거로움으로 인해 [할 일 목록]에 추가하는 것을 미루면, 결국 할 일을 잊게 된다.

2. 목록의 제목을 제대로 쓰고 기한도 정해두라

[할 일 목록]에 추가할 때 중요한 것이 할 일의 제목을 제대로 기입하는 것과 처리기한을 정확히 명기하는 것이다. 마감기한을 표시해두면 [구글 캘린더]와 연동되기 때문에 보다 효과적으로 일을 처리할 수 있다.

3. 메일에서 [할 일 목록]을 정리할 때는 제목을 수정하라

[할 일 목록]에 메일을 추가하면, 메일 제목이 그대로 [할 일 목록]의 제목이 된다. 메일 제목은 업무내용을 요약하지 못한 경우가 많다. 그렇

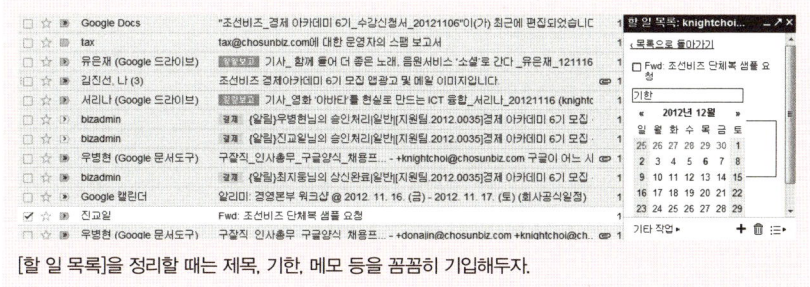

[할 일 목록]을 정리할 때는 제목, 기한, 메모 등을 꼼꼼히 기입해두자.

기에 업무내용이 무엇인지를 단번에 알 수 있도록 제목을 수정해 목록에 추가하는 것이 좋다.

4. '메모'에 간단한 업무내용을 정리하라

목록을 정리할 때 간단히 내용을 메모해두면 [할 일 목록]만 봐도 대강의 내용을 알 수 있다. 목록을 일일이 클릭하지 않아도 되기 때문에 시간을 절약할 수 있다.

To Be World's Best Googler

자기관리
지메일은
똑똑한 과제 분류기다

　직장인들의 이메일 사용실태를 관찰하면, 능동적으로 이메일의 각종 세부 메뉴를 활용하는 사람은 드물다. 대부분은 이메일을 받고 보내는 핵심기능 이외에 다른 기능은 잘 사용하지 않는다. 이메일의 기본기능만 제대로 활용해도 큰 불편을 느끼지 않을뿐더러 바쁘고 신경 쓸 것이 많아 세부기능을 하나하나 살펴볼 여유가 없기 때문이다. 하지만 이메일의 세부기능을 찬찬히 뜯어보고 내게 필요한 기능을 적극적으로 익히면 업무 효율이 획기적으로 증가할 수 있다.

　다음은 이메일의 분류와 검색기능을 능동적으로 익혀 자신의 업무를 효과적으로 처리한 실전 스토리다. 이는 마치 매일 회사로 쏟아지는 우편물을 접수해 소속부서나 팀별로 분류함에 넣어, 해당 담당자에게 컨베이어 벨트를 통해 자동으로 전달하는 것에 비유할 수 있다. 만약 고객민원

담당부서 직원이라면 고객의 상담 주제별로 문의편지를 분류함에 넣어두고, 성격에 따라 미리 만들어놓은 응답편지를 자동으로 발송하는 것과 같은 이치다.

분류만 제대로 해도 효율성이 높아진다
최지웅, 연결지성센터 연구원

나는 경영지원팀의 막내 사원으로 일할 때 자질구레한 일들을 많이 처리했었다. 특히 신생회사의 특성상 새로 발생한 일이나 업무가 정의되지 않은 일을 주로 맡았다. 아침마다 출근해 자리에 앉으면 제일 먼저 구글[지메일]부터 여는데, 늘 새로운 지시나 다른 부서의 요청사항을 담은 메일이 도착해 있었다. 다양한 외부고객으로부터의 문의를 담은 메일도 많았다.

이메일을 통해 받은 일들은 대부분 일정한 업무체계가 잡힌 일들이 아니었다. 고객이나 동료 들의 단순한 문의이거나 임직원들이 누구의 일인지 불분명하다고 여기는 일을 내게 넘긴 것들이었다. 이에 따라 매일 아침 메일함을 열어보는 내 심정은 계모와 언니로부터 감당하기 어려운 일감을 받은 신데렐라의 심정과 같았다. 아침부터 저녁까지 아무리 열심히 일해도 다음날 아침이 되면 또다시 새로운 일거리가 메일함에 가득 차 있었기 때문이다.

보통의 직장인들은 일정한 분야의 일을 맡는다. 그러면 처음엔 익숙하지 않아서 일을 늦게 처리하더라도, 점차 프로세스를 잡고 경험을 쌓아가면 나중엔 대부분 수월하게 일을 처리할 수 있다. 하지만 내게 주어지는 일들은 단순하고 잡다해서, 반복을 통해서 프로세스를 잡거나 노하우를 축적하기 어려운 것들이었다. 또 아무리 열심히 일해도 늘 일거리가 늘어나는 속성을 갖고 있기도 했다. 누구나 하기 귀찮아하거나 누구에게도 속하지 않는 일들을 막내인 내가 처리해야 했기 때문이다.

나는 신데렐라의 심정으로 내게 매일 쏟아지는 일들을 효과적으로 처리할 방법을 이메일이라는 플랫폼에서 찾아봤다. [지메일]이 갖고 있는 디지털의 힘을 최대한 빌려보기로 한 것이다.

첫번째 목표는 때론 수십 통에서 수백 통에까지 이르는 이메일의 내용을 효과적으로 분류하는 것이었다. 두번째 목표는 최대한 디지털 엔진이 자동으로 처리하도록 프로세스를 만드는 것이었다. 나는 이 목표를 고객의 문의메일에 대응하는 업무에 우선 적용했다. 내 업무 중 가장 힘든 요소가 회사 공용계정으로 들어오는 이메일을 처리하는 일이었기 때문이다. 공용계정은 새로운 사원을 뽑거나 이벤트를 전개할 때 지원자로부터 문의를 받는 데 사용하는 계정이다.

공용계정을 관리하기가 어려운 때는 여러 가지 내용의 메일들이 한꺼번에 도착하는 시점이다. 가령 회사에서 고객 이벤트와 국제 콘퍼런스를 동시에 진행할 때는 문의메일이 쇄도한다. 어떤 독자는 이벤트 경품 발송주소를 변경해달라고 요청했고, 어떤 이는 콘퍼런스 등록정보의 변경을 요구

[지메일]에서 '라벨'을 적용한 예.

했다. 두 메일을 번갈아 읽고 하나씩 처리하다보면 혼란스러워졌다. 여러 일이 섞이면 사소한 것을 놓치고 처리하지 못하는 일도 생겼다. 관리에 허점이 생기는 것이다. 또한 시간이 지나서 특정 콘퍼런스에 관련된 문의사항을 다시 찾아야 할 때가 있는데, 수많은 메일 속에서 관련 내용을 찾아내기가 쉽지 않았다. 보낸 사람의 이름도 메일주소도 생각나지 않을 때는 짐작되는 제목을 검색한 뒤 검색결과를 모두 읽어보는 수밖에 없었다.

나는 먼저 [지메일]의 '라벨'이라는 메뉴를 이용해, 이메일을 내용에 따라 체계적으로 분류하는 방안을 추구했다. 공용계정 메일에서 몇 가지 라벨을 구축한 것이다. 파란색 라벨로 '입사 지원자'를, 노란색 라벨로 '경제아카데미 수강생'을, 빨간색 라벨로 '수습기자 지원자'를, 회색 라벨로 '스마트클라우드쇼 신청자'를 구분하는 식이었다. '라벨'은 [지메일]에서 가장 중요한 기능 중의 하나다.

다음으로 '필터' 기능을 이용해 이메일을 자동으로 분류하는 방안을

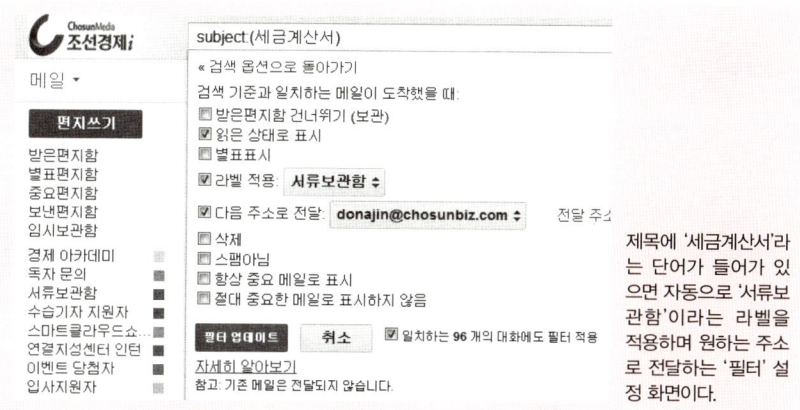

제목에 '세금계산서'라는 단어가 들어가 있으면 자동으로 '서류보관함'이라는 라벨을 적용하며 원하는 주소로 전달하는 '필터' 설정 화면이다.

고안했다. [지메일]의 '필터' 기능은 보낸 사람, 받는 사람, 제목, 포함하는 단어 등의 조건을 이용해, '라벨'을 자동으로 적용하거나 별표 표시를 하거나 특정 주소로 곧바로 전달하는 기능 등을 수행하는 것이다.

예를 들어 메일 제목이 상황에 따라 고정적인 경우가 있었다. 세금계산서를 보내는 기업은 열에 아홉은 제목에 세금계산서라는 단어를 사용했다. 이런 경우는 '필터'를 만들어 적절한 '라벨'을 자동으로 붙이도록 설정한다. 한발 더 나아가 그 메일을 회계 담당자에게 자동으로 전달하도록 했다. '라벨'과 '필터'를 자유롭게 쓸 수 있으면 창과 방패로 동시에 무장한 것과 같다. 내게는 신데렐라의 요정과 같은 마법이었다.

어떤 메일의 요구사항은 그 사안이 중요해 나중에 다시 읽어봐야 하는 경우가 있었다. 이때는 별표 표시를 했다. 이후 '별표 편지함'을 클릭하면 중요한 메일만 모아서 볼 수 있다. 마찬가지로 필요한 라벨만 클릭하면 내가 그 라벨을 붙여놓은 메일만 모아서 보는 것도 가능하다. 이벤트 진행이 끝나거나 콘퍼런스를 마친 뒤에도 필요한 내용을 찾아보기가 훨씬 수월한 것이다. '라벨'과 '필터'는 정돈과 집중이 필요한 업무를 위한 최적의 도구라 할 수 있다.

마지막으로 구글의 이메일 검색기능을 활용하기로 했다. 일반적으로 메일 제목이나 내용을 넣어 검색하면 되지만, 몇 가지 작은 검색메뉴를 적극적으로 활용했다. 검색창에서 '검색 옵션 표시' 메뉴를 클릭하면, 검색메뉴 창을 볼 수 있다. 이 중에서 '보낸 사람' 창에 이메일을 보낸 사람의 이름이나 메일주소를 입력하면, 그 사람에게서 받은 메일을 모두 보여준다. 또한 '첨부파일' 메뉴를 체크하면 첨부파일을 가진 메일을 모두 보여준다.

[지메일]을 더욱 효과적으로 사용하기

1. 러닝 센터를 방문해보라

러닝 센터(http://learn.googleapps.com/gmail)에 들어가 기본에서 고급까지 이르는 지메일 가이드를 읽어보라. 임시보관, 바탕화면 알림, 부재중 응답, 링크 미리보기, 영상채팅, 키보드 단축키, 원격 로그아웃, 보내는 메일 주소 바꾸기 등 수많은 기능을 알아가는 재미가 쏠쏠하다.

2. 실험실 기능을 뒤져보라

[지메일]은 늘 변화하고 진화한다. 실험실을 살펴보면 내 업무에 있어서

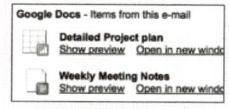

[지메일]의 실험실에 있는 기능들. 클릭 횟수를 한 번이라도 덜어주면 그만큼 새로운 창을 여는 시간을 벌 수 있다.

꼭 필요한 것을 찾을 수 있다. 메일 본문에 이미지를 삽입하는 기능은 가장 요긴한 것 중 하나다. 대다수 이메일에서는 기본 기능이지만 [지메일]에는 실험실에 들어가 있다. 필요한 것을 '사용'으로 해두자. 어떤 기능들은 상당한 시간을 절약해준다. 백그라운드로 보내기, 미리 준비된 답변 사용하기, 유튜브·피카사·문서도구 미리보기 기능도 그중 하나다.

To Be World's Best Googler

자기관리
구글 주소록은
인맥관리 도구다

시작이 일의 절반이라고 한다. 직장생활에서 내 업무와 관련된 사람이 누구이며, 그 사람과 연락하는 방법(휴대전화 또는 이메일 등)만 알면 일의 절반을 성공시킨 것이나 마찬가지다. 이에 따라 직장인들은 자기만의 인맥관리 노하우를 익히고 실천하는 데 많은 돈과 시간을 사용한다.

하지만 기존의 인맥관리 방법 중 비서를 활용하는 것만큼 효과적인 것은 없다. 인맥관리용 기초소재는 명함첩, 각종 모임과 단체의 회원 주소록(주로 프린트물 또는 회원명부 수첩으로 제공된다), 워드프로세서 또는 스프레드시트 파일, 휴대전화 주소록 등이다. 이러한 소재를 얻을 때마다 비서에게 맡기고, 필요할 때마다 비서에게 연락을 지시하는 것이 가장 간편하다. 밖에서 근무하다가도 비서에게 전화를 걸어 연락처를 물어보거나 전화 연결을 해달라고 요청하면 된다. 유능한 비서는 늘 인맥관리용 데이터를 업데이트하고 있다가, 상사가 요청하면 즉시 최신 데이터를 제공하곤 한다.

문제는 대부분의 직장인은 이런 유능한 비서를 활용할 처지가 아니라는 것이다. 결국 혼자서 인맥관리용 데이터를 관리하면서 활용해야 하는데, 그러다보니 관리나 활용이 수월치 않은 것이 사실이다. 그렇다면 우리는 어떻게 인맥을 관리할 수 있을까.

직장인들은 디지털 기술을 이용해 나만을 위한 가공의 비서를 만들 수 있다. 오프라인 세계에서 비서가 상징하는 것은 인맥관리용 데이터의 중앙관리방식이다. 어떤 인맥관리 자료든지 비서에게 맡김으로써, 내 자료가 분산 없이 일괄관리되는 것이다. 또 비서의 역할은 클라우드 컴퓨팅의 원리와 같다. 자료가 필요할 때마다 비서에게 요청하고 그가 내게 전달해 주는 방식은, 온라인에 자료를 올려놓고 필요할 때마다 접속해 사용하는 것과 같기 때문이다.

다음은 영업용 인맥관리 자료를 온라인에 100퍼센트 올려놓고 [구글 주소록]을 클라우드 비서로 활용한 사례다. 인맥관리용 자료를 클라우드화하면, 언제 어디서든지 부르기만 하면 응답하는 개인 비서로 활용할 수 있다.

인맥관리는, 클라우드에서 현명하게 해야 한다

김규승, 광고제휴팀장

나의 핵심업무는 광고마케팅 업무다. 매일 새로운 광고주를 발굴하거나 기존 광고를 유지하는 것이 주요업무다. 광고영업은 미디어렙사나 광고대행사를 통하거나 기업의 광고홍보 담당자와 직접 컨택하는 방식으로 진행된다. 광고업무는 사람을 만나고 설득하고 또 피드백을 주는 커뮤니케이션이 핵심이다. 때로 경조사를 챙기거나 감사서신을 전하는 등 관계 유지가 중요하다. 회사에서 주최하는 전시회, 음악회 등의 초대장을 보내줌으로써 친밀감을 유지하기도 한다. 승진 등의 인사소식을 접하면 축하카드나 화환을 보냄으로써 호감을 살 필요도 있다.

이런 대인업무를 효과적으로 수행하기 위해서는 각 기업의 광고 담당 임직원 컨택 포인트 관리가 핵심이다. 수많은 거래처 담당자들의 직책, 휴대전화번호, 이메일, 집주소 등 컨택 포인트를 최신자료로 유지하고 있어야 함은 물론, 그들의 주요업무와 특징들도 파악하고 있어야 한다.

예전에는 종이명함, 이메일 주소록, 휴대전화 주소록을 각각 따로 관리했다. 고객을 미팅하면서 받은 명함은 명함집에 보관했다. 사용이 빈번한 주요 거래처 임직원들의 연락처와 이메일은 명함을 보고 이메일의 주소록에 등록했다. 스마트폰이 등장하기 전에 가장 활용도가 높았던 휴대전화 주소록은, 이메일 주소록 중에서도 가장 사용빈도가 높은 목록을 골라서 수동으로 입력했다. 하지만 매일매일 쌓여가는 명함의 양이 많아질수록 이렇게 몇 단계를 거쳐야 하는 명함관리에 들어가는 시간과 비용은 늘어만 갔다. 특히 명함을 분실하거나 외근중 필요한 연락처가 회사 PC에 저장돼 있는 경우에는 속수무책이었다. 후배가 새로 들어와서 거래처 정보를 공유할 경우에도 많은 품이 들었다.

나는 업무의 핵심인 주소록을 어떻게 효과적으로 관리하고 활용할 것인가를 놓고 많은 고민을 했다. 명함에 적힌 모든 정보를 텍스트로 DB화해서 적재적소에 즉시 사용할 수 있는 방법을 찾기 시작했다. 명함스캐너를 이용해서 스캔도 해보고 명함스캔 앱을 이용해 스마트폰에 저장도 해봤다. 하지만 스캐너와 앱은 인식의 오류가 많아서 고치고 수정하는 데 많은 시간과 품을 들여야 했다. 결국 내가 찾은 해답은 클라우드 기반의 주소록인 [주소록]이었다.

외근 후 거래처에서 받은 명함은 당일에 바로 [주소록]에 옮겨놓는다. 이름, 직책, 직급, 회사전화번호, 팩스번호, 휴대전화번호, 주소 등 주요 정보뿐 아니라 그의 주요업무와 특징, 처음 만난 날짜까지 기록한다. 또한 미팅 때 취득한 개인적인 정보까지 주소록 메모란에 차곡차곡 챙겨넣는다. 한꺼번에 모아서 입력하면 시간이 많이 걸리지만, 그날그날 정리해놓으면 잠깐의 시간 투입으로 큰 효과를 거둘 수 있다. 또한 최신정보를 유지하기 위해 매일 신문의 인사란을 체크하며, 미팅 시 변경된 정보를 알게 될 경우 스마트폰으로 바로 현장에서 수정한다.

나의 [주소록]은 스마트폰과 동기화돼 있다. 따라서 [주소록]에 입력하든 스마트폰으로 입력하든, 입력과 동시에 정보가 동기화돼 PC와 스마트폰에서 모두 검색이 가능하다. 이 동기화를 통해 언제 어디서든 [주소록]에만 접속하면 내가 연락하고자 하는 사람의 모든 정보를 조회할 수 있고, 바로 전화나 이메일을 통해 연락할 수 있다. 또한 상대방이 내게 전화를 건 경우, 휴대전화 액정에 발신인의 이름이 표시되기 때문에 보다 친근한 응대가 가능하다. "여보세요" 대신에 "○○○ 부장님, 안녕하세요"라고 전화를 받을 수 있는 것이다.

현재 나의 [주소록]에는 약 3000명의 주소가 들어 있다. 서로 기억하기 어려울 만큼 잠깐 스친 사람의 연락처에서부터 부서이동과 승진으로 계속 연락처가 바뀐 사람들의 히스토리가 모두 기록돼 있다. 3000명의 주소는 각각의 성격에 맞게 그룹으로 분류해놓았다. 한 개의 연락처로 복수의 그룹을 만들 수 있는 장점이 있어서 업종별, 직급별, 사업분야별 등 다양한 그룹을 만들어 관리하고 있다. 그룹 분류의 장점은, 한 번에 그룹 전체에 이메일을 발송할 수 있고 대상별로 필요한 상대에게만 행사 초대나 알림 공지를 할 수 있다는 것이다.

팀에 신입직원이 들어오거나 협업으로 인해 주소록 공유가 필요한 경우, 과거에는 엑셀로 다시 정리해서 주거나 주소록을 통째로 내보내기하는 식으로 전달해야 했다. 하지만 [주소록]을 사용한 이후에는 [구글 앱스] 솔루션의 하나인 [쉐어드 그룹스 shared groups]을 이용해 잠깐의 수고로 여러 명이 주소록을 공유할 수 있다. ([쉐어드 그룹] 활용은 '구글 앱스는 스마트 워킹이다' 편(3부)에서 자세히 설명한다.) 연락처 공유로 인해 시간과 비용을 절약할 수 있는 것은 물론, 하나의 파일을 서로 수정·보완해서 사용할 수 있으므로 업무의 효용가치도 상당히 크다. 직원이 퇴사하거나 협업 프로젝트가 완료된 경우에는, 공유 리스트에서 해당 인물의 이메일 주소만 삭제하면 되니 보안 부분에 있어서도 훨씬 효과적이라 하겠다. [주소록]은 카카오톡 등 SNS와도 동기화가 가능해, SNS를 통한 고객관리도 연계가 가능하다는 장점이 있다.

[구글 주소록]을 개인 비서로 활용하기

1. 명함은 쌓아놓지 말고 [주소록]에 바로 반영하라

명함 정리는 쌓아두면 일이 된다. 새로 받은 명함은 그날 바로 [주소록]에 입력해두자. 명함을 스캔해 주소록에 바로 저장해주는 앱도 있다.

2. [주소록]을 처음 입력할 때 상세정보까지 모두 입력하라

어떤 정보가 영업에 도움이 될지 모른다. 회사명, 직급, 전화번호, 이메일은 물론, 주소, 담당업무, 기타 미팅 시 얻은 정보를 최대한 넣어야 두 번 입력하는 수고를 덜 수 있다.

3. 승진, 부서이동, 업무변경 등 변경사항 발생 시 바로 내용을 수정하라

거래처 담당자가 인사나 이동사항이 발생하면 그날 즉시 수정하는 게 노하우다. [주소록]에는 메모란이 있다. 거래처 담당자의 이동사항을 메모에 계속 적어두면 상대방의 이력사항까지도 관리할 수 있다.

[주소록]의 메모란을 잘 활용해 미팅시 얻은 정보, 업무변경, 승진 등의 사항을 관리하자.

To Be World's Best Googler

자기관리
구글 캘린더는
개인시간 지킴이다

『끝도 없는 일 깔끔하게 해치우기 Getting Things Done』의 저자 데이비드 알렌 David Allen은 "달력에 기재하는 것은 특정일과 특정시간에 해야 할 행동"이라고 말했다. 알렌은 예전의 달력을 살펴보는 것과 미래의 달력을 살펴보는 것을 구분해 설명한다. 이전 달력의 경우, 행동항목, 참고정보, 하지 못한 일 등을 새롭게 정리한다. 앞으로의 달력을 볼 때는 다가오는 행사를 확인하면서 행사를 정리하고 준비하는 데 필요한 행동을 파악한다.

이처럼 달력관리는 자기관리에서 핵심적인 역할을 차지한다. 달력에 표기된 일정은 특정일과 특정시간에 해야 할 일을 상기시켜주는 보조장치 역할을 한다. 또한 일정은 특정시점에 이르기 전에 준비하거나 조치해야 할 일이 무엇인지를 주기적으로 상기시킴으로써 행동을 하게 만든다. 마지막으로 긴 시간에 걸쳐 여러 사람과 함께하는 프로젝트의 진행상황을 보여주는 것도 달력의 역할이다.

대부분의 사람들은 일정관리를 위해 여러 형태의 캘린더를 사용한다. 수첩 형태의 달력을 비롯해 탁상 달력, 비망록 달력 등 오프라인 달력을 사용하기도 하고, PC와 스마트폰 등 디지털 기기에서 제공하는 디지털 달력을 사용하기 한다.

달력관리의 핵심은 개인일정과 회사일정의 충돌을 피하는 것이다. 만약 개인일정과 회사일정이 충돌하면 직장인들은 큰 혼란을 겪을 수밖에 없다. 개인일정 때문에 자리를 비운 사이에 중요한 회의가 열려 필요한 정보를 얻지 못할 수 있고, 또 상사로부터 지적을 받을 수도 있다. 개인일정과 회사일정이 중복되면 두 가지 모두 제대로 처리하기가 어려워지고, 결국 두 가지 모두 실수가 발생할 수 있다. 개인일정과 회사일정의 충돌을 피하기 위해서는, 회사의 크고 작은 모든 일정을 철저하게 내 달력에 반영하는 습관을 몸에 익혀야 한다.

회사의 일정정보를 장악하면 내 시간을 자유롭게 쓸 수 있다

진교일, 경영지원부장

나는 나쁜 일이 잇따라 발생한다는 '머피의 법칙'이 직장인의 생활을 지배한다고 생각할 때가 많았다. 점심시간에 모처럼 점심을 함께하기 위해 아내를 회사 근처로 초대했다. 그런데 상사가 주재하는 오찬행사가 있다는

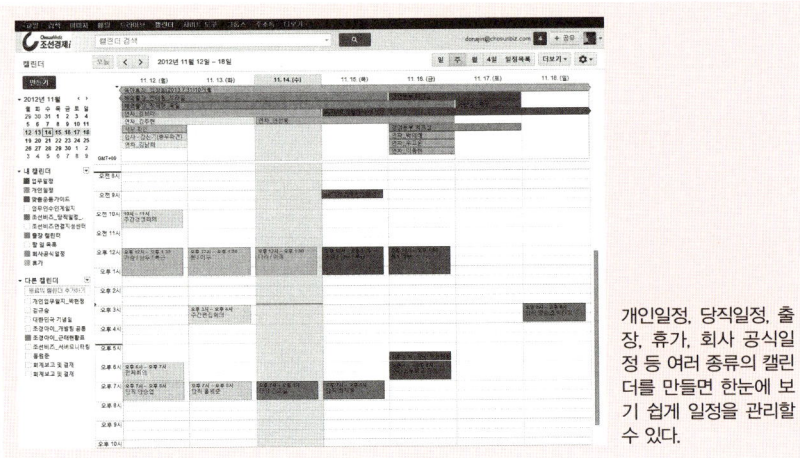

개인일정, 당직일정, 출장, 휴가, 회사 공식일정 등 여러 종류의 캘린더를 만들면 한눈에 보기 쉽게 일정을 관리할 수 있다.

것을 뒤늦게 알았다. 행사를 내 달력에 표시해두지 않아 잊고 있었던 것이다. 급히 아내에게 전화를 걸어 약속을 취소하고 오찬장으로 달려갔지만 식사 내내 마음이 불편했다. 회사일정만 제대로 챙겼더라면 아내와 상사에게 모두 점수를 땄을 텐데, 나의 실수로 점심시간이 엉망이 돼버렸다.

직장인으로서 일정관리에서 힘든 것은, 갑자기 회사일정이 생겨서 기존의 개인일정을 밀어내는 경우와 미처 몰랐던 회사일정을 뒤늦게 아는 경우다. 상사가 다른 팀과 회의를 하면서 내가 소속된 팀과 관련된 업무를 논의하기 위해 회의를 잡았는데, 미처 내가 통보를 받지 못해도 문제가 발생한다. 그 회의 시간대에 내가 자리를 비울 수도 있고, 미처 현안을 파악하지 못해 의견의 부실함을 드러낼 수 있기 때문이다. 회사의 일정을 제대로 파악하지 못하면, 자리 비우는 것을 불안하게 여기게 된다.

따라서 내 시간을 가치 있게 사용하려면 나와 관련된 회사의 일정을

100퍼센트 파악하고 늘 업데이트해야 한다. 그 목표를 위해 내가 취득한 회사의 크고 작은 일정정보를 철저하게 [구글 캘린더]에 반영하는 습관을 몸에 익혀나갔다. 동시에 내 동료들도 그들이 취득한 일정정보를 즉석에서 [캘린더]에 반영해 나를 돕도록 하고 있다.

예를 들어 매주 정기적으로 열리는 임원회의에서 일정과 프로젝트가 결정되면, 내 자리에 돌아오자마자 [캘린더]에 해당 날짜에 관련 정보를 넣고 관련자들을 초대한다. 이렇게 작업하면 내 [캘린더]뿐 아니라 관련된 사람들에게 일정개설 메시지가 간다. 이들이 나의 일정 초대에 응하면 그들의 [캘린더]에도 회사일정이 자동으로 표시되는 것이다.

아울러 내 동료들도 회사일정을 알게 되면 [캘린더]에 반영해 나와 공유하도록 이끌었다. 팀원들이 내게 보고를 하면 반드시 입버릇처럼 "캘린더에 반영하고, 나를 초대하라"고 잔소리를 한다. 팀원들이 [캘린더]를 만드는 버릇을 익히지 않으면 내 일정이 엉망이 될 가능성이 높기 때문이다. 물론 일정의 충돌 방지를 위해서 회사 인사총무부서의 지원도 필요하다. 회사의 총무부서에서 주간 또는 월간 단위로 회사의 공식일정을 [캘린더]에 반영해주면, 내가 개인일정을 짜는 데 등대 역할을 한다.

이처럼 회사일정을 철저하게 반영한 다음에 개인일정을 짜고, 만약 일정이 중복될 경우 내 일정을 미리 조정한다. 개인일정은 주로 식사 약속과 개인적으로 처리해야 할 일들인데, 회사일정을 철저하게 장악하면 개인일정을 편안하게 처리할 수 있다. 아울러 몇 주 또는 2~3개월 정도 앞선 회사일정을 장악하면 주말시간을 계획에 따라 알차게 사용할 수 있고, 짧은 휴가계획도 미리 세워 콘도 예약 등 필요한 준비를 할 수 있다.

스마트폰은 [캘린더]를 제대로 활용하는 데 최적의 도구다. 본래 디지털 캘린더는 스마트폰의 전신인 PDA의 간판 응용 프로그램이었다. 2000년대 초반까지도 전 세계 비즈니스맨들이 애용했던 팜Palm과 같은 PDA가 등장했을 때, 많은 사람들이 디지털 캘린더와 주소록을 저장하고 활용하기 위해 팜을 구매했다. 그때는 PDA용 캘린더, 주소록 등 개인 정보관리 프로그램들은 모두 네트워크에 연결되지 않은 프로그램이어서 주로 PC와 연결해 동기화시키는 방식으로 데이터를 일치시키곤 했다. 이에 비해 [캘린더]는 온라인용 프로그램이기 때문에 별도의 케이블 연결 없이 PC와 스마트폰이 자동으로 동기화되는 방식으로 작동된다. 예를 들어 스마트폰에서 [캘린더]를 열어 새로운 일정을 표기하거나 기존 일정을 수정하면, PC에서 바로 변경된 정보를 볼 수 있다. 또 반대로 PC에서 입력한 일정은 스마트폰에서 확인할 수 있다.

[캘린더]와 스마트폰을 무기로 회사와 관련된 각종 일정정보를 장악하면 내 시간을 굳건히 지킬 수 있다. 내 시간을 지키는 것은 직장에서 삶과 일을 균형 있게 처리하는 데 핵심적인 요소다.

보다 효율적으로 일정관리하기

1. '알림' 기능을 적극적으로 활용하라

중요한 일정을 기억하지 못해 낭패당한 경험이 있다면 [캘린더] 내 '알

'알림' 기능은 스마트폰에 [캘린더]를 연동해 쓰는 중요한 이유 중의 하나다.

림' 기능을 적극적으로 활용하자. 팝업이나 이메일로 일정을 자동으로 알려준다. 알려주는 시각도 자유롭게 설정할 수 있다. 스마트폰과 연동하면 더욱 강력한 효과를 거둘 수 있다.

2. 색깔로 일정을 구분해보라

시각적으로 한눈에 살펴볼 수 있어서 그날의 중요한 업무일정을 바로 알 수 있다. 중요한 업무일정은 눈에 띄는 색으로 구분해서 표시하면 좋다.

3. [할 일 목록] 기능을 100퍼센트 적극적으로 활용하라

[할 일 목록]에 정리된 업무들의 기한을 설정하면, [캘린더] 일정에도 자동 반영된다.

2장

구글로 인사총무를 혁신하라

To Be World's Best Googler

인사총무

구글 사이트 도구는
변덕 경영진에 대한 방어무기다

회사에서 '기획' 또는 '지원'이라는 단어가 들어가는 곳은, 경영진을 보좌하면서 다양한 부서상황을 취합하거나 조율하는 역할을 하는 곳이다. 특히 최고경영자를 비롯해 고위간부로부터 수시로 지시를 받아 직접 집행하거나 집행방안을 마련해야 하는 곳이기도 하다. 경영기획부서의 가장 큰 고충은 경영진의 방침이 수시로 바뀌거나 갑작스러운 지시를 수행할 때다. 또 어떤 부서에도 속하지 않은 일들이 발생하면 직접 처리해야 하는 점도 이 부서의 난제다.

다음은 조선비즈의 진교일 경영지원부장이 창업 초기부터 [구글 사이트 도구]를 이용해 업무를 수행한 경험담이다. 진부장은 기획에서부터 인사, 총무, 회계 등 백오피스 관련 모든 일을 총괄하고 있어 업무범위가 넓고, 또 신생회사의 특성상 새로운 일마다 관여해야 했다. 그는 단 두 명의 직원을 데리고 경영진이 필요로 하는 일들을 처리하면서 [사이트 도구]를 적극적으로 활용했다. 특히 재무 현황, 인력 현황, 장비 현황 등 회사 관련 각종 데이터를 늘 최신으로 유지하면서, 경영진들이 원할 때 즉시 최신정보를 제공하는 역할을 효율적으로 수행했다.

수많은 업무 지시를 처리하는 관건은 속도다

진교일, 경영지원부장

나는 회사에서 경영지원부장을 맡고 있다. 회사 규모가 100인 이하이기 때문에 경영지원부가 인사업무에서부터 총무, 회계, 사내 커뮤니케이션, 사외 홍보, 브랜드 관리 등 다양한 백오피스 업무를 수행하고 있다. 다른 중소기업 경영지원부의 업무성격도 비슷할 것이다. 중소기업의 경우 생산이나 영업, 마케팅 이외의 업무를 경영지원부에서 전방위적으로 수행할 수밖에 없다. 또 새로운 일이 발생하면 경영지원부가 먼저 처리하면서 프로세스를 잡아 다른 부서에 넘기는 경우도 자주 발생한다. 한마디로 일당백의 역할을 해야 한다.

경영지원부장으로서 고민거리는 인사, 총무, 회계, 사내 커뮤니케이션 등 다양한 업무를 소수의 인원으로 어떻게 효율적으로 처리하느냐는 문제다. 특히 경영진들은 늘 경영환경에 따라 새로운 지시를 내리기 때문에 경영진들의 요구사항에 즉시 대응하기가 쉽지 않다. 또 회사 임직원들은 경영지원부에 각종 요청사항이 많다. 서류를 발급하는 일부터 개인 민원까지 다양한 지원을 요청한다.

중소기업의 경우 인원을 늘리지 않는다는 조건 아래, 위와 같은 다양한 요구를 제대로 대응하는 것은 낙타가 바늘구멍을 통과하는 것처럼 불가능한 일이기도 하다.

소수의 인원으로 회사가 필요로 하는 백오피스를 처리하는 데 가장 효과적인 수단은 역시 온라인이다. IT가 발달하면서 회사 백오피스 업무처리를 위한 각종 IT 솔루션들이 등장해 널리 보급됐다. 그러나 현존하는 솔루션 중에서 어떤 솔루션도, 소수의 인원으로 수시로 발생하는 다양한 요구들을 효과적으로 처리하는 것은 불가능하다. IT 솔루션 또는 시스템 대부분이 이미 널리 보급된 업무 프로세스를 처리하도록 설계돼 있기 때문이다. 새로운 요구사항을 시스템에 반영하려면 별도의 개발이 필요한 경우가 대부분이다. IT 솔루션 또는 시스템의 특성은 개발이 완료되는 시점에 이미 30퍼센트의 기능이 필요 없어지고 대신 새로운 요청사항이 발생한다. 이는 솔루션이나 시스템과 현실의 요구사항의 격차가 늘 발생하기 때문이다.

나는 위와 같은 고민을 [사이트 도구]를 통해 단숨에 해결했다. 경영진이 새로운 지시를 내리면 그 지시를 반영할 수 있는 온라인 기능을 내가 직접 만들어 회사 인트라넷에 붙인다. 예를 들어 직원들이 구입한 도서를 관리하면서 공유할 수 있도록 하라는 지시를 받고, 곧바로 도서관리 모듈 기능을 만들어 인트라넷에 붙였다. 임직원 온라인 앨범을 만들라는 지시를 받고는, 임직원들이 [사이트 도구]를 이용해 자기 페이지를 만들도록 하고 전체를 묶는 페이지를 만들어 인트라넷에 붙였다. 회사가 보유한 컴퓨터장비 목록은 [구글 문서도구]의 '스프레드시트'를 이용해 만들고 이 자료에 장비 현황을 입력한 다음, 인트라넷에 차트 형식으로 정보를 뽑아서 현황판을 만들었다.

[사이트 도구]를 이용하면 직원들의 각종 민원에 대해서도 효과적으로 대응할 수 있다. 이를테면 설문조사를 인트라넷에 게시해 직원들의 여론을 청취한 다음, 그것에 맞게 최고 경영진들이 의사결정을 하도록 돕는다. 이처럼 내가 소수의 인원으로 경영진과 직원들의 요청사항을 즉시 대응할 수 있는 힘은 [사이트 도구]의 유연함에서 나온다. 특히 [사이트 도구]는 IT부서의 도움을 받지 않고 나와 내 팀원들이 직접 필요한 기능을 만들어 쉽게 인트라넷에 붙일 수 있는 장점을 지니고 있다.

그동안 내가 사용했던 인트라넷의 단점은 다음과 같다.

첫째, 인트라넷을 빌려쓰게 되면 일반적인 회사의 표준업무 프로세스에 맞춰져 있어서 자기 회사에 최적화된 서비스를 구현하기 힘들다. 불필요한 부분이 너무 많아서 나중에 보면 인트라넷이 제공하는 많은 서비스 중에서 한두 가지만 집중적으로 이용하고 나머지는 거의 이용하지 않게 된다.

둘째, 인트라넷을 전담하는 사람이 꼭 있어야 한다. 이 담당자는 거의 내부 인원들의 민원을 해결하는 역할을 하게 된다. 간단한 인트라넷 관리부터 시작해 복잡한 서비스를 알기 쉽게 설명하고 안 되는 것들을 접수해서 처리하는 등 전담인력이 붙어 있어야 원활하게 서비스가 구현된다.

즉, 운영상의 추가비용이 발생하는 것이다.

셋째, 인트라넷의 기능을 변경하거나 추가하려고 하면 시간과 비용이 많이 들어간다. 또한 어떤 경우에는 원하는 대로 수정할 수 없는 경우도 있다.

[구글 앱스]에서 제공하는 [사이트 도구]를 만나고 나서 이런 불편한 점들을 모두 한 번에 해소할 수 있었다.

첫째, [사이트 도구]를 통해 회사에서 꼭 필요한 사항들을 반영한 인트라넷을 구축할 수 있었다. 또한 경영진이 그때그때 요구하는 사항을 반영해 즉시 인트라넷을 수정할 수 있게 됐다. 불필요한 기능들이 전혀 없는 최적화된 인트라넷을 구축한 것이다.

둘째, 인트라넷 전체 사이트는 내가 책임지고 운영하게 되고, 모듈화돼 있는 각 부분들은 해당 담당자들이 직접 운영하게 됐다. 이것은 조직역량의 강화를 가져왔다. 조직구성원의 요구사항에 즉시 대응할 수 있게 돼서 전체 만족도가 크게 상승했다. 또한 인트라넷을 운영하기 위한 별도의 인력이 필요 없기 때문에 비용도 크게 절감할 수 있다.

셋째, 필요한 경우 즉시 인트라넷을 수정할 수 있다. 담당자들이 모두 [사이트 도구] 기능에 익숙하기 때문에 변경사항이 생기거나 추가할 기능들이 생길 경우 이를 즉시 반영할 수 있었다. 또한 대부분의 변경사항을 원하는 방향으로 수정할 수 있게 된 것이다.

[사이트 도구]는 포털에서 제공하는 블로그와 만드는 방법은 비슷하다.

상당히 많은 부분이 모듈화돼 있어서 블로그 만들 듯이 클릭만으로 웹사이트를 만들 수 있다. 누구라도 [사이트 도구] 기능에 대해 간단히 배우고 나면 내부 인트라넷 사이트를 쉽게 만들 수 있는 것이다.

또한 [구글 앱스]에서 제공하는 다른 여러 가지 기능을 쉽게 이용할 수 있도록 해준다. 이것은 기존 구글 사용자라면 쉽게 웹사이트를 만들 수 있을 뿐 아니라 기존에 만들어놓은 문서, 사진, 동영상 등 다양한 콘텐츠도 즉시 웹사이트에 게시할 수 있다는 것을 의미한다.

무엇보다 업무 담당자가 직접 웹사이트를 관리하면서 해당업무에 필요한 사항들을 직접 업데이트하고, 관련 커뮤니케이션이 가능하도록 해주기 때문에 인력이 부족한 중소기업에서 꼭 필요하다. 각 업무 담당자들이 [사이트 도구]를 배워서 관련업무를 처리하고 인트라넷을 관리하면 되기 때문에 추가인력의 증원 없이도 인트라넷의 구축 및 운영이 가능하다.

나는 주로 임원진의 요구사항에 즉시 반응하고 대안을 찾는 업무를 수행하고 있다. 이런 상황 속에서 [사이트 도구]는 업무처리의 시간을 단축시켜주고 인력을 효율적으로 관리해주는 좋은 도구이다. 부하직원 두 명과 함께 인사, 총무, 재무, 회계 등 거의 모든 경영지원업무를 처리하고 있다. 이런 효율성은 결국 [사이트 도구]를 중심으로 [구글 앱스]를 적극적으로 활용한 덕분이다.

온라인으로 업무처리 효율 높이기

1. 탬플릿을 잘 활용하라
처음에 인트라넷을 만들 때 해야 할 일이 한두 가지가 아니다. 디자인을 신경쓰기 시작하면 할 일이 끝도 없이 많아진다. 이때 [사이트 도구]에서 제공되는 탬플릿을 활용하면 쉽게 문제가 해결된다.

2. 화려한 이미지는 오히려 버리는 것이 낫다
스마트폰 사용이 늘면서 모바일로 접속할 수 있도록 하는 것이 매우 중요하다. 버튼이나 아이콘을 화려하게 꾸미기 위해 이미지를 사용하면, 스마트폰으로 제대로 볼 수 없는 경우가 발생한다. 화려한 이미지는 걷어내고 사이트를 만들어보라. 심플하고 편리한 커뮤니케이션이 인트라넷의 기본이다.

3. 각종 신청양식을 온라인으로 처리하라
휴가신청서부터 경비청구까지 모두 온라인으로 처리할 수 있도록 고민하고 또 고민하라. 메일, 문서도구, 사내공지사항, 주요일정, 각종 신청양식, 개인 프로필, 사내도서관 관련업무 접수와 처리과정을 모두 온라인화하면 업무 효율성이 배로 높아진다.

4. 인트라넷을 회사 소통의 공간으로 활용하라
인트라넷 목적 중 하나는 회사에서 진행하는 각종 제도나 행사들을 구

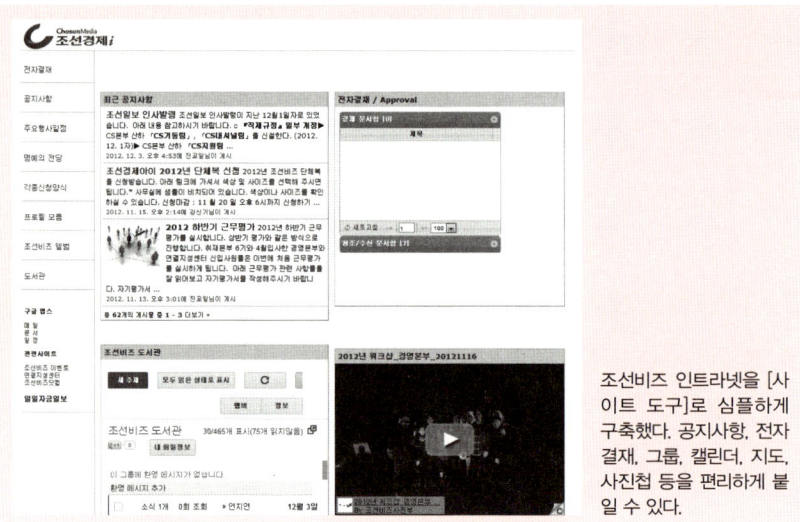

조선비즈 인트라넷을 [사이트 도구]로 심플하게 구축했다. 공지사항, 전자결재, 그룹, 캘린더, 지도, 사진첩 등을 편리하게 붙일 수 있다.

성원들에게 잘 알리고 피드백을 받는 것이다. 회사 각종 행사를 담당자가 관련 소개글과 사진 혹은 동영상을 올려두면 좋다. 언제 어디서든지 손쉽게 정보를 나누고 댓글을 통해 의견을 주고받을 수 있다.

5. 모바일에 최적화시켜라

스마트워크 시대에 스마트폰에 최적화된 웹사이트를 만들어야 한다. [사이트 도구] 기능에서는 모바일기기에 최적화시킬 수 있는 선택기능을 두고 있는데, 이를 적극적으로 활용해야 한다. 스마트폰에서 가독성을 높이는 방법을 늘 고민해야 한다.

To Be World's Best Googler

인사총무
구글 양식은 채용 프로세스다

    인사 담당자들은 늘 서류더미와 씨름한다. 특히 신입사원을 충원할 때는 수많은 지원서류를 받아서 검토하는 것은 물론, 필기시험, 면접까지 진행해야 한다. 선발 담당 임원들이 채점한 자료를 취합해 최종점수를 합계하는 일도 까다로운 일이다.

    인사 담당자들이 가장 원하는 것은 입사 관련 서류를 효과적으로 관리하면서, 채용 프로세스를 물 흐르듯이 매끄럽게 진행하는 것이다. 이를 위해서는 디지털 기술의 도움을 받을 수밖에 없다. 이를테면 입사지원에 필요한 양식을 디지털로 만들어 입사자 정보를 동일한 양식으로 통일해야 한다. 또 지원서류를 온라인 상태에서 채점 임원들과 공유하면, 자료를 종이로 인쇄할 필요가 없어 편리하다. 최종 합격자를 선정하고 난 뒤, 이들의 입사 관련 서류가 그대로 인사카드로 활용될 수 있으면 더 바랄 것이 없다.

　채용양식과 절차를 온라인에 구축하는 일을 IT부서나 외주업체에 맡기면 쉽게 만들 수 있다. 문제는 매년 회사의 선발정책이 바뀌기 때문에, 온라인 솔루션을 자주 수정해야 하는 점이다. 내 업무의 핵심파트를 누군가에게 의뢰하면 내 업무는 대기상태에 빠진다. 내 계획과 의지대로 일을 진행하는 것이 불가능한 것이다. 다음은 현업 인사 담당자가 [구글 앱스]의 [양식] 기능을 이용해 채용양식과 프로세스를 만든 경험담이다.

창구를 하나로 정리하면 복잡한 업무도 단순해진다
최지웅, 연결지성센터 연구원

　신입사원 채용을 비롯해, 각종 채용 관련업무는 매우 까다롭고 복잡하다. 채용업무의 핵심은 지원에 필요한 서류를 접수하는 것과 내부의 선발 프로세스를 관리하는 것이다.

　지원용 서류는 자기소개서, 이력서, 기타 증명서 등으로 구성된다. 회사마다 사정이 다르지만 대체로 이력, 학력, 가족관계, 지원동기 등 기초 지원서류는 온라인 양식으로 만들어 받고, 이력서는 워드프로세서로 작성된 파일로 받는다. 졸업증명서 등은 종이 형태로 접수받는 것이 관례다. 필기시험을 치를 경우, 지원자가 작성한 답안지가 추가된다. 내부 선발 프로세스는 지원용 서류를 바탕으로 채점하고, 그 채점자료를 취합해서 최종 합격자를 선정하도록 돕는 것이다. 즉, 채용 의사결정권자에게 지원자의 서류를 제공해 채점하도록 하고, 다시 채점자료를 종합해 의사결정권자들이 결정을 내릴 수 있도록 해야 한다.

채용 공고에서부터 서류 심사, 필기시험, 면접 등 채용 관련 절차를 진행하는 일은 매우 까다롭고 또 정교함을 필요로 한다. 나는 입사 후 인사담당자로 첫 채용 프로세스를 진행하면서 복잡한 업무에 진이 빠졌다.

첫째, 지원용 서류를 받는 과정에서 엄청난 일거리가 발생했다. 당시 입사 지원서류를 이메일로 받았는데, 지원자들이 다양한 파일 형태로 첨부해 보냈다. 이로 인해 지원서류를 모두 종이에 인쇄해 채용 심사관들에게 제공하는 데 상당한 시간을 소비했다.

둘째, 필기시험, 면접 등 선정절차를 밟는 과정에서 심사관들이 종이에 작성한 채점표를 받아서 이를 문서로 정리하고 다시 종이에 인쇄해 제공하는 복잡한 과정을 거쳐야 했다. 예를 들어 필기시험 답안지를 채점하기 위해 채점자 수만큼 답안지를 복사해서 심사관에게 배포해야 했다. 또 심사관들이 채점하면 각 점수를 스프레드시트에 종합해서 항목별 점수와 종합점수를 심사관들에게 제공해야 했다. 답안지를 복사하고 채점을 회수하고 이를 다시 파일에 입력하는 작업들은 모두 신경을 바짝 쓰게 만드는 일들이었다.

나는 이와 같이 복잡하고 손을 많이 요하는 채용 프로세스에서 해방되는 길은 디지털의 힘을 빌리는 것밖에 없다고 판단했다. 온라인에서 지원을 받아 심사관들이 그 자료를 보고 채점하면 자동으로 점수를 합산해서 보여주는 방식이었다. 온라인에서 채용 프로세스를 진행하면 내 고충

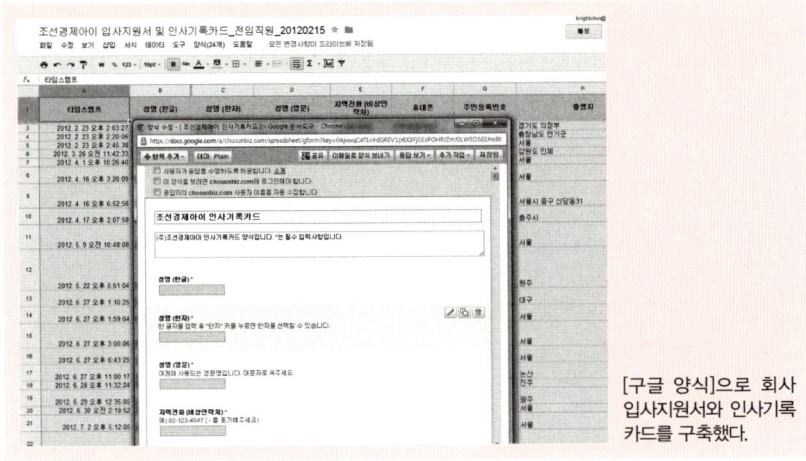

[구글 양식]으로 회사 입사지원서와 인사기록 카드를 구축했다.

이 한꺼번에 해결될 것 같았다.

문제는 내가 전문 프로그래머가 아니기 때문에 내가 필요한 것을 직접 개발할 수 없다는 점이었다. 회사 규모가 작기 때문에 IT부서에 내가 원하는 기능을 개발해달라고 요청할 수도 없었다.

나는 해답을 [구글 양식]과 태블릿에서 찾았다. [양식]을 이용해 지원자들이 제출해야 할 정보(경력, 학력, 사진, 자기소개서 등)를 온라인에서 직접 입력하도록 했다. 입력양식은 회사 내부에서 사용하는 인사기록카드 양식을 모형으로 삼았다. 최종 합격자가 정해지면, 그가 지원할 때 제출한 자료를 그대로 인사기록카드로 사용하기 위해서였다.

지원자들이 온라인 지원양식에 자신의 정보를 입력하면 자동으로 [구글 문서도구]의 '스프레드시트' 파일에 담긴다. 이 파일을 채용 관련 임직원들과 처음부터 공유해 실시간 지원현황을 한눈에 볼 수 있도록 했다.

채용파일을 공유한 사람들은 수시로 이 파일을 열어 전체 지원자 수부터 학교별, 나이별, 성별 등 각종 기준으로 현황을 파악할 수 있다. 또 지원자 개인정보도 바로 열람할 수 있다.

지원을 마감한 다음에는, 지원자별 자료를 한데 모아 개별 PDF로 만들었다. 그리고 전체 지원자를 종합한 별도 채점용 파일을 만들어 심사관들이 공동으로 작성하도록 했다. 즉, 심사관들이 태블릿에서 지원자별로 경력, 학력, 자기소개서 등을 보면서 자신의 PC에서 채점할 수 있도록 설계한 것이다.

[양식]과 태블릿을 활용해 종이서류를 99퍼센트 가까이 없애자, 채용 프로세스가 내 손에 잡히기 시작했다. 프로세스가 바뀔 때마다 새로운 양식을 만들어야 하고, 또 자료를 종이에 인쇄해서 배포해야 하는 일이 싹 사라졌다. 더 큰 효과는 심사관들이 수시로 필요한 자료를 요청하는 관행이 사라졌다는 것이다. 채용 개시부터 진행까지, 각자 수시로 관련 자료를 온라인으로 열람할 수 있기에 내게 자료를 요청하거나 문의할 일이 없어졌다. 나는 이와 같은 채용 프로세스 온라인화를 [양식]을 통해 개발자의 도움 없이 혼자 힘으로 해낼 수 있었다.

복잡한 채용, 온라인으로 간단히 처리하기

1. 도움말을 적극 활용하라

[양식]으로 입사지원서를 받을 때 도움말을 잘 활용하는 것이 요령이다. 사실 이메일, 전화번호, 주소, 영문 이름을 물으면 제각각 다른 양식으로 대답하기 마련이다. 하지만 응답 요령을 알려주는 도움말 기능을 이용해 '어떤 식으로 써주세요'라고 예시를 적어두면 일목요연하게 정리된 답변을 얻을 수 있다.

2. '스프레드시트' 함수도 이용해보라

엑셀을 많이 다룬다면 VLOOKUP 함수를 기억할 것이다. '구글 스프레드시트' 역시 VLOOKUP 함수를 지원한다. 이를 활용하면 개인 신상

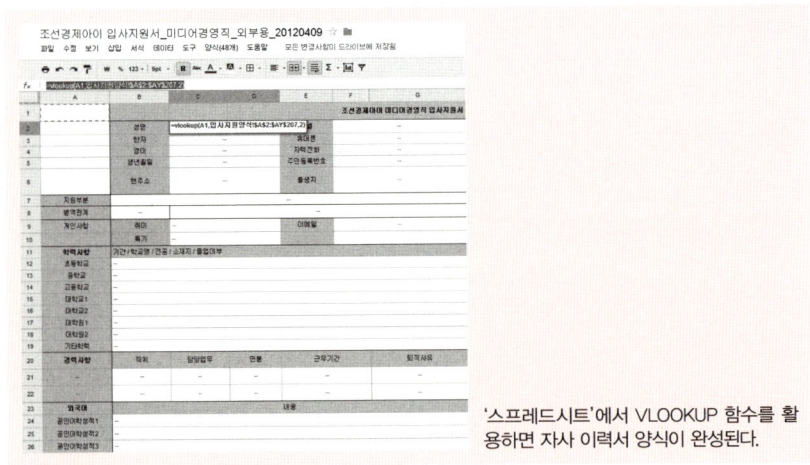

'스프레드시트'에서 VLOOKUP 함수를 활용하면 자사 이력서 양식이 완성된다.

이나 경력사항의 수십 개 필드값을 한 시트에 모아 볼 수 있다. 이 시트를 PDF로 내려받으면 한 사람의 입사지원서가 된다.

3. PDF 형태로 저장해 폴더 단위로 공유하라

입사시험을 한 번 치를 때마다 출력 물량이 눈덩이처럼 늘어난다. 면접담당관이나 심사위원 수만큼 입사지원서를 복사하기 때문이다. PDF 형태의 입사지원서를 [문서도구] 폴더에 저장하고 심사위원에게 폴더 단위로 공유해보자. 어마어마한 종이량을 절약할 수 있다. 또 언제 어디서나 심사할 수 있어 편리하다.

To Be World's Best Googler

인사총무
구글 드라이브는
디지털 아카이빙이다

    회사는 어떻게 하든지 소속원들이 만드는 유무형의 자료를 확보해 보유하고 싶어한다. 이에 따라 지식관리 시스템knowledge management system, 문서관리 시스템digital achiving, 파일 시스템file system 등 갖가지 솔루션들이 등장해 경영진들이 수용하도록 했다.

    경영자들의 이런 욕구를 회사자료 또는 지식 아카이빙이라고 요약할 수 있다. 특히 디지털 기술을 이용해 회사의 지식자산을 아카이빙한다는 측면에서 '디지털 아카이빙'이라고 부른다. 경영자들은 이처럼 완벽하게 회사 관련 자료를 한곳에 모아서 자산화하는 일에 관심을 갖지만, 정작 직장인들의 관심은 다르다. 우리는 상사가 갑자기 특정자료를 찾을 때, 즉시 찾아서 상사에게 전달하기를 원한다. 직장인들은 지식경영이니 지식자산화니 하면서 거창한 개념으로 디지털 아카이빙을 부르짖는 일에는 관심을 갖기 어렵다. 오직 상사의 자료 요구에 얼마나 빠르고 효과적으로 대응하느냐에 관심을 가질 뿐이다.

직장인 입장에서 상사의 자료 요구에 즉각적으로 대응하기 위해서는 디지털 아카이빙 시스템에 의존해야 한다. 또 디지털 아카이빙 시스템이 상사가 원하는 자료에 대해 100퍼센트 완벽하게 대응할 수 있어야 한다. 그렇게 하려면 회사의 모든 공식자료들을 발표할 때마다 온라인에 보관해야 하고, 검색 등을 통해 즉시 원하는 자료를 찾을 수 있도록 조직화돼야 한다. 그런데 회사 관련 자료들은 양식도 다르고 발생시점도 다르고 자료를 만드는 생산도구도 다르다. 따라서 이렇게 복잡한 뿌리를 지닌 자료들을 100퍼센트에 가깝도록 디지털 아카이빙하는 것은 매우 까다로운 작업이며, 경우에 따라 엄청난 투자비를 필요로 한다.

[구글 앱스]의 [구글 드라이브] 기능을 활용하면 누구나 회사의 디지털 아카이빙 시스템을 쉽게 구축할 수 있다. [드라이브]는 [구글 문서도구]로 생산한 모든 자료 또는 사용자가 업로드한 여러 가지 파일을 폴더 형태로 보관해주는 문서함이다. 다음은 인사총무 담당자가 [드라이브]를 이용해 디지털 아카이빙 시스템을 구축하고 이를 업무에 스마트하게 활용한 사례다.

자료를 아카이빙하면 접근성이 용이해진다
최지웅, 연결지성센터 연구원

인사총무를 맡았을 때 힘들었던 것 중 하나는 상사나 동료가 갑자기

서류를 요구하거나 찾을 때였다. 예를 들어 상사가 몇 개월에서부터 몇 년 전에 작성된 계약서류를 갑자기 찾곤 했는데, 그런 서류를 미리 예측해 대비하기란 거의 불가능했다. 상사나 동료가 불규칙적으로 찾는 것은 서류뿐만이 아니었다. 회사행사 관련 사진이나 동영상 자료와 같은 멀티미디어 파일을 요구하기도 했다. 누군가 내게 필요한 자료를 요청하면 마음속으로 '오늘 하루는 다 날아갔구나'라고 생각했을 정도다. 종이에서부터 디지털 자료에 이르기까지, 온갖 자료더미에서 원하는 자료를 찾아내기가 만만치 않았기 때문이다.

　나는 자료 요청에 즉각 대응하기 위해 업무 관련 자료를 오프라인 형태와 온라인 형태로 구분했다.

　오프라인 형태의 자료는 사진 촬영, 스캐닝 등을 통해 온라인에 올렸다. 대부분 계약서 같은 것으로 외부에서 종이 형태로 받은 자료인데, 이를 스마트폰 카메라와 스캐너를 이용해 디지털 이미지 파일 또는 PDF 파일로 만들어 [드라이브]에 업로드했다. 한두 장짜리 서류는 스마트폰 카메라로 촬영하고, 분량이 많은 서류는 전용 스캐너를 활용하는 식이었다. 사내 규정집에서부터 물품수령증, 신입사원 답안지에 이르기까지 각종 종이문서를 디지털화해 [드라이브]에 올리는 프로세스를 확립하는 과정에서, 내 책상과 회사 캐비닛이 저절로 정돈됐다.

　온라인 자료의 경우, 회사의 웹오피스 [문서도구]를 이용해 만든 회사 문서와 이메일, USB 등을 통해 외부로부터 제공받은 파일로 구성된다. 회사 웹오피스로 만든 파일은 자동으로 [드라이브]에 아카이빙되므로, 따로 아카이빙을 고민할 필요가 없었다. 따라서 외부로부터 받은 디지털 파일을 [드라이브]에 올리는 데 집중했다. 디지털 아카이빙의 또다른 대상 중 하나는 사진, 동영상 같은 멀티미디어 파일이다. 이 자료 역시 [드라이브]에 업로드해 디지털 아카이빙했다.

아카이빙할 때 가장 중요한 것은 검색에서 한눈에 내가 원하는 자료를 찾아낼 수 있도록 문서 제목을 잘 정하는 것이었다. 디지털 아카이빙에서도 반드시 지키는 원칙은 파일 제목을 '대분류_중분류_소분류_연월일'이라는 형식으로 제대로 다는 것이다. 단순한 키워드로 만든 문서 제목은 시간이 지나면 제목만으로 내용을 알 수 없다. 특히 외부업체에서 보내온 파일의 제목은 대부분 업체의 관점에서 붙인 제목이기 때문에, 추후 검색에 대비해서 제목을 우리 방식대로 새로 달았다.

아래 표는 기존 제목 달기 방식을 검색에 최적화하기 위해 새 방식으로 바꾼 사례모음이다.

[표] 검색에 최적화한 제목 달기

본래 파일 제목	바꾼 파일 제목 (대분류_중분류_소분류_만든 날짜)
증명사진.jpg	인사_입사지원서_홍길동 증명사진_20121031.JPG
기념품 견적서.jpg	총무_견적서_텀블러 기념품_20120928.JPG
조선경제아이 가입신청서.jpg	총무_가입신청서_인터넷 전화_20120328.JPG

파일 제목 맨 끝에 붙여둔 '만든 날짜'는 한눈에 필요한 자료를 알아보는 데 특히 큰 역할을 한다. 또한 [드라이브]에서 폴더별로 분류를 잘 해두는 것이 중요하다. 나는 중요도를 표시하는 별표 표시 기능을 이용해,

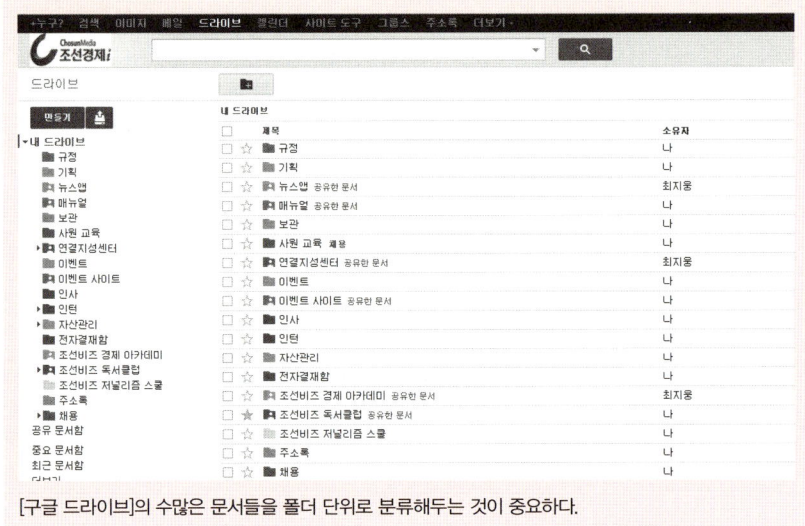

[구글 드라이브]의 수많은 문서들을 폴더 단위로 분류해두는 것이 중요하다.

자주 사용하는 자료를 체크해둔다. 이렇게 해두면 나중에 '중요 문서함'을 클릭하면 별표가 표시된 자료 목록을 바로 찾을 수 있다.

문서를 디지털 아카이빙하면 여러 장점이 있다. 공간을 차지하지 않고, 공유하기 쉬우며, 장소나 시간에 구애받지 않는다. 문서를 찾기 위해 오래된 캐비닛을 뒤질 일도 없어진다. 휴일에 집에 있거나 출장을 가도 캐비닛 열쇠를 누군가에게 맡겨둘 필요가 없다.

조선비즈에서는 [문서도구]에서 온라인으로 모든 업무를 시작하고, 결재도 온라인으로 처리하고, 보고나 회의도 태블릿으로 이뤄진다. 자체적으로 종이를 생산하는 일은 드물다. 나는 위와 같이 실용적이면서 간편한 디지털 아카이빙을 통해서 내 시간의 허리가 잘리는 현상에서 해방됐다.

디지털 아카이빙으로
자료더미에서 해방되기

1. 스마트폰 카메라와 스캐너 앱을 적극 활용하라

스마트폰 카메라가 훌륭한 스캐너가 될 수 있다. 앱스토어의 스캐너 앱을 이용하면 문서를 간편하게 촬영해서 PDF 등으로 변환시킬 수 있다. 해외에선 각종 전표나 영수증을 스마트폰 카메라로 찍어 사내업무로 활용하는 사례도 있다. 사진 내의 문자까지 인식해 검색할 수 있는 기술 덕분에 회계 담당자가 종이 영수증과 씨름하지 않아도 될 날이 온다.

2. 외부 파트너에도 디지털 파일 서류를 요청하라

외부업체에도 견적서를 팩스가 아니라 PDF로 보내달라고 요청하면 업

[구글 드라이브]를 PC에 설치하면 원하는 폴더를 동기화해서 이용할 수 있다.

무 부담을 크게 줄일 수 있다. 관행적으로 팩스와 종이를 사용하는 업체라면, 종이서류를 스캔해 PDF를 클라우드에 올려주는 대행업체를 이용하는 것도 방법이다.

3. PC용 [구글 드라이브]를 활용해 온오프라인을 동기화하라

[드라이브]를 다운로드해 PC에 설치가 완료되면, 구글 계정으로 로그인할 수 있다. [드라이브]가 실행되면 윈도우의 경우 작업 표시줄에 [드라이브] 아이콘이 나타난다. 동기화 옵션에서 모든 폴더 혹은 일부의 폴더를 선택해 동기화하면 PC에 저장된 오프라인 자료, 클라우드에 정리된 온라인 자료를 자유자재로 이용할 수 있다.

To Be World's Best Googler

인사총무
구글 피카사 웹앨범은
사내 사진첩이다

직장에서 관행적으로 사진을 촬영하는 일들이 많다. 신년식, 창사기념일 등 회사 공식행사에서는 반드시 사진을 촬영한다. 또 회사 주요 마케팅 행사도 사진을 촬영해둔다. 새로운 사원이 입사하면 신분증, 앨범용 사진을 촬영하고 또 사령장 수여식 장면도 촬영해둔다. 하지만 디지털 카메라가 보급되면서 사진을 필요 이상으로 많이 찍게 됐고, 그 사진들을 적재적소에 활용하기란 쉽지 않다. 특히 사진촬영을 관리하는 총무부서 이외의 부서가 사진자료에 접근해서 필요한 작업을 제대로 하기는 결코 쉽지 않다.

직장에서 사진은 생각보다 다양한 곳에 쓰임새가 많다. 특히 인터넷이 업무 플랫폼으로 자리를 잡으면서 사내외 관련 일에 사진파일을 이용해 작업을 할 일이 수두룩하다. 다음은 사내 사진촬영과 사진자료 관리를 맡았던 담당자가 [구글 피카사 웹앨범]을 이용해 사진자료를 관리하면서 활용한 실제 경험담이다.

방대한 자료는 체계만 잡으면 손쉽게 관리된다

최지웅, 연결지성센터 연구원

나는 평소 사진기를 만지고 사진 찍는 일을 아주 좋아한다. 회사생활을 하면서 회사행사 사진을 찍고, 워크숍에서 동료들의 모습을 찍는 일을 즐겼다. 하지만 어느 순간 회사에서 사진을 찍는 일이 나에게 고통을 안겨줬다. 사진촬영 관련 일이 촬영에서 끝나지 않고, 오랫동안 나를 괴롭히는 일거리를 몰고왔기 때문이다.

예를 들어 한참 기획일에 몰두하고 있을 때, 동료 중 한 명이 급하게 자신이 필요한 이미지 파일을 찾아서 보내달라고 요청하면 내 두뇌는 그 순간 멈춰버렸다. 수천 개의 이미지 파일더미에서 요청받은 이미지 파일을 찾는 데 집중해야 했기 때문이다. 재빨리 이미지 파일을 찾아서 전달함으로써 일을 마무리할 수 있으면 다행이다. 특수한 목적 때문에 파일용량을 줄여달라거나, 보정작업을 해달라고 하면 그 일에 매달려 내 일과시간의 상당 부분이 날아갔다.

사진촬영에 대한 즐거움을 되찾기 위해서는 사진파일 보관과 활용법을 획기적으로 바꿔야겠다고 생각했다. 우선 사진과 같은 이미지 파일이 만들여지고 관리되는 프로세스와 관행을 살펴봤다.

첫째, 디지털 카메라의 특성상 매달 사진파일이 수백 개씩 늘어나기 마련이어서 관리해야 할 파일자료가 너무 많았다. 매년 말에 사진파일을 점검해보면 1년에 수천 개의 파일이 새로 생성되곤 한다. 실제 2011년 한 해 동안 축적된 행사 앨범은 124개, 좋은 것으로 추린 사진만 약 3700개였다.

둘째, 대부분 디지털 카메라로 촬영해 보관하는 과정에서 사진에 정보를 제대로 붙이지 않았다. 파일에 담긴 정보는 촬영 날짜나 폴더 이름 정도밖에 없었다. 따라서 엄청나게 많은 사진파일 속에서 상사나 동료들이 원하는 파일을 단번에 찾아내서 전달하기 무척 힘들었다.

셋째, 사진파일의 쓰임새가 오프라인과 온라인이 달라서 쓰임새에 따라 적절한 파일형태로 전달하기가 쉽지 않았다. 예를 들어 종이 브로슈어용은 고화질 파일을 필요로 하고, 웹사이트에 사용되는 파일은 작고 가벼운 것을 선호한다.

넷째, 회사가 필요로 하는 사진파일을 찾아서 전달하는 데 정말 어려운 것은 갑작스러운 요청이었다. 특히 사무실을 벗어났을 때 누군가 급하게 찾으면 난감하기만 했다. 사진파일은 사무실에 위치한 내 PC 하드디스크에 보관돼 있기 때문이다.

사진파일 관리가 이처럼 복잡한 데 비해 사진자료는 대부분의 회사에서 각종 업무에 필수소재로 활용되고 있고 그 비중은 점점 높아지고 있었다.

회사에서 사진자료는 먼저 사원 앨범, 사원 신분증 등 소속원 신원을 확인하는 데 사용됐다. 둘째, 회사 소개 브로슈어, 회사 상품 및 서비스 소개 브로슈어 등 오프라인 공식 홍보매체를 제작할 때 반드시 필요한 소재였다. 셋째, 회사 공식 웹사이트를 비롯해 온라인 플랫폼에서도 사진파일이 차지하는 비중이 아주 높았다. 넷째, 회사 시상 행사, 워크숍 등 사내 행사 장면을 담은 사진파일은 소속원들을 정서적으로 한데 묶는 데 필요한 커뮤니케이션 수단이기도 했다. 다섯째, 회사 로고, 임원 사진, 회사 상품 등 대외적으로 커뮤니케이션하는 데 필요한 이미지 파일도 아주 중요한 미디어 자산이다. 이밖에 회사 소속원의 외부 강연에 사용하는 프레젠테이션 파일에도 이미지가 중요한 자리를 차지했다.

  나는 사진자료 관리의 난맥상을 해결하기 위해서는 모든 행사사진을 온라인에 저장하는 방식밖에 없다고 판단했다. 특히 온라인 한곳에만 저장해 복사본이 PC 하드디스크를 비롯해 USB, 웹하드 서비스 등에 중복 보관되지 않도록 해야 한다고 판단했다. 원본을 하나만 보관해야, 여러 개의 유사 자료 중에서 헷갈리지 않고 필요한 사람에게 전달할 수 있다. 또 온라인에 보관하고 있기 때문에 사진 요청을 받으면 인터넷에 접속해 필요한 사진을 찾아서 전달하기만 하면 된다. 원본 하나만 보관하는 장점은 회사 인트라넷과 공식 웹사이트에 사진자료를 사용할 때, 원본을 스트리밍이나 링크를 통해 사용함으로써 이중 관리의 부담을 없앨 수 있다는 점도 있다. 웹사이트에서 원본파일을 PC에 다운로드받은 다음에 다시 업로드하면, 웹사이트에 복사본이 게재된다. 만약 사진자료를 교체하려면 다시 이 같은 작업을 반복해야 한다. 원본 스트리밍이나 링크를 이용하면 링크값만 교체해주면 된다.

사진자산을 관리할 때 귀찮지만 꼭 해야 할 작업은 사진을 찾을 때 필요한 정보를 온라인에 보관할 때 충분히 붙여놓는 것이다. 먼저 사진을 온라인에 보관하면 '앨범'이라는 그룹핑 기능을 이용해서 보관한다. 즉, 촬영한 날짜를 기본적으로 하나의 '앨범' 단위로 묶고 필요에 따라 테마별로 여러 사진을 묶어서 '앨범'을 만든다. '앨범'을 디렉토리나 폴더와 비슷하다고 여기면 된다.

보통 '앨범' 제목을 정할 때, 컴퓨터가 지정해주는 촬영 날짜 형식을 그대로 사용하는데, 이렇게 하면 나중에 원하는 사진을 정확하게 찾을 수 없다. 따라서 제목은 반드시 '대분류_중분류_소분류_연월일'이라는 형식으로 구조화해야 한다. 예를 들어 회사 워크숍을 스케치한 사진을 온라인에 업로드할 경우 '회사 워크숍_청계산_개발팀_20121115'라는 제목을 달아야 한다. 2012년 11월 15일 청계산에서 실시한 회사 워크숍에서 개발팀 모습을 촬영한 사진이라는 내용을 구조적으로 담은 것이다. 이렇게 '앨범'에 제목을 구조적으로 달고 관련 사진을 묶어두면, 나중에 이 사진을 찾기 위해 '청계산' '2012년 11월' '개발팀' '워크숍'이라는 핵심 단어를 기억해서 이를 검색 키워드로 사용하면 된다.

나는 위와 같이 회사의 사진파일을 관리하는 데 구글의 [피카사]라는 데스크탑 소프트웨어을 기본 도구로 삼아 [피카사 웹앨범]을 활용했다. [피카사]는 디지털 카메라에서 촬영한 사진을 PC의 하드디스크로 가져오고, 다시 하드디스크에 저장된 사진파일을 [구글 피카사 웹앨범]에 올리는 데 필요한 핵심 도구다.

[피카사 웹앨범]은 PC 하드디스크에 보관된 사진을 '앨범'으로 묶어 온

라인에 올려놓고 회사 동료들과 사진을 함께 공유하는 데 핵심 역할을 한다. '앨범'을 만들어 사진자료를 필요로 하는 상사와 동료들을 초대하면, 이들이 언제 어디서든지 자료에 접근해 이용할 수 있다. 이들에게 사진파일 올리기 기능을 제공하면, '앨범'을 함께 발전시키면서 이용할 수 있기도 하다. [피카사 웹앨범]은 또 웹사이트 링크, 이메일 링크, 다운로드 기능 등 재사용 기능을 제공한다. 이 기능을 이용하면 사진 슬라이드쇼를 만들어 각종 웹사이트에 간편하게 게재할 수 있다.

나는 [피카사]와 [피카사 웹앨범]을 본격적으로 활용하면서부터 사진 관련 일에 다시 재미를 느끼기 시작했다. 사진을 촬영하는 재미를 넘어서서 사진을 자유자재로 활용하고 또 회사 소속원들과 사진 자산을 함께 공유하는 재미를 느끼기 시작한 것이다. 사진과 같은 사회성이 강한 디지털 자산은 공유에서 더욱 가치를 발휘한다는 것을 절감했다. 온라인 저장과 공유를 통해 무엇보다 매일 쏟아지는 사진파일더미에서 해방된 기쁨을 얻었다.

체계적이고 간편한 사내 사진첩 만들기

1. 공유기능을 반드시 처음부터 활용하자

[피카사]의 핵심은 무엇보다 공유 기능이다. 업로드하면서 공유할 서클(그룹)이나 개인을 지정하면 된다. 사진이 공유된 사람은 [구글 플러스]나 [피

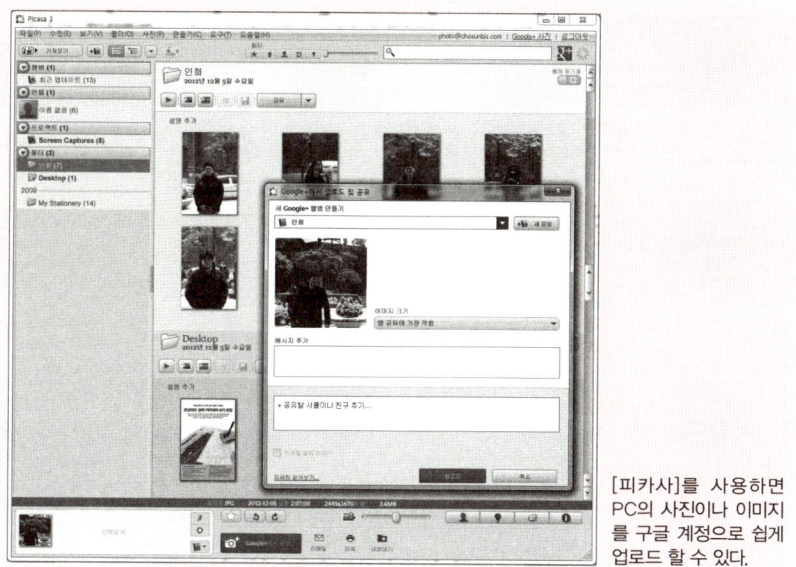

[피카사]를 사용하면 PC의 사진이나 이미지를 구글 계정으로 쉽게 업로드 할 수 있다.

카사]를 찾아들어가 나에게 공유된 사진을 찾아 웹에서 활용할 수 있다.

2. 원본 보관이 필요한 사진자료와 웹 활용 자료를 구분하라

원본 보관이 꼭 필요한 사진자료를 제외하고는 이미지 크기를 '웹공유에 가장 적합'으로 선택하면 된다. [피카사]는 자동으로, 가로 또는 세로 2048픽셀 이하로 이미지 사이즈를 줄여주고, 그런 이미지는 업로드 용량을 차지하지 않는다. 즉, 무제한으로 업로드가 가능하다. 대부분의 모니터와 웹에서 화질 저하를 느낄 수 없는 화질이다.

인쇄물 제작을 위해 대용량 원본의 보존이 필요하다면, 원본을 따로 하드디스크나 외장하드에 축적하고, 공유할 필요가 있는 앨범들만 [피카

[피카사]는 자르기, 직선화, 기울기 보정, 대비와 색상 보정 등 간편한 리터칭을 제공한다.

사]에 정리하는 방법도 좋다. [피카사]에 올릴 때는 '원본 크기'를 선택한다. 2048픽셀 이상의 크기는 업로드 용량을 차지한다. 별도 비용을 내면 더 큰 용량을 확보할 수 있다. 원본 보관이 필요한 사진파일은 대체로 사원앨범용 사진, 단체 사진, 제품 사진 등이다.

3. [피카사]를 이용해 사진을 보정하라

[피카사]를 쓰면 손쉽게 리터칭을 할 수 있다. 자르기, 직선화, 눈동자 적목현상 없애기, 대비와 색상 조절을 할 수 있고 텍스트 삽입도 가능하다. 슬라이드바를 움직여서 누구나 간편하게 리터칭이 가능하다.

4. 얼굴 인식 기능을 활용하라

[피카사]는 사진의 얼굴을 인식하는 기능이 있다. 이 얼굴들에 이름을 입력해놓으면 사람별로 분류해준다. 나중에 그 사람이 들어간 사진만 다 찾아야 할 때 강력한 기능을 발휘한다.

5. 스마트폰 피카사 앱을 사용하라

스마트폰이나 태블릿에서 피카사용 애플리케이션을 찾아보자. 앱을 설치해 구글 계정만 세팅해두면 회사 사진을 언제 어디서나 볼 수 있고, 스마트폰에서 찍은 사진을 간편히 업로드할 수 있다.

3장

구글을 최적의
마케팅 도구로 이용하라

―

To Be World's Best Googler

마케팅

구글 사이트 도구는 레고 블록이다

    조선비즈에서 고객과 가장 많이 만나는 부서는 전시, 콘퍼런스, 포럼 등 각종 지식네트워킹 사업을 하는 곳이다. 따라서 이 부서 소속 직장인들은 행사 기획단계에서부터 파트너사 입찰, 행사 홍보, 신청객 접수, 행사 중계 등 대부분의 일을 온라인에서 진행한다.

    다음은 조선비즈에 경력사원으로 입사해, 직접 웹마스터가 돼서 자신이 필요한 웹사이트를 직접 구축하고 운영한 실무자의 경험담이다. 그는 입사 당시 해당 업계에서 잔뼈가 굵은 베테랑이었다. 하지만 웹사이트 관련 일을 100퍼센트 외주업체에 맡겨 관리만 했기에 직접 웹마스터가 되는 데 큰 부담을 느꼈다. 또 현업 담당자가 웹사이트를 직접 만지는 것에 대해 비효율적이라는 생각을 지니고 있기도 했다.

    하지만 그는 본인의 노력과 동료들의 도움을 받아 스스로 웹마스터로서 자리를 잡기 시작했다. 그런 경험을 통해 웹사이트 구축 메뉴인 [구글 사이트 도구]를 레고 블록에 비유했다. 누구나 레고 블록의 기초적인 작동원리만 익히면 다양한 블록을 갖고 자신이 원하는 모양을 만들듯이, 구글 사이트의 작동원리를 익혀 자신이 필요한 웹사이트를 만들고 운영할 수 있다는 것이다.

작동원리만 제대로 익히면, 이후 단계는 수월하게 진행된다
홍원준, 지식사업팀장

나의 핵심업무는 콘퍼런스와 전시회 등 컨벤션 기획 및 진행이다. 행사를 하는 데 있어서 가장 기본이 되는 것은 무엇일까. 바로 인터넷 웹사이트다. 파트너와 고객들은 웹사이트를 통해 해당 행사와 처음 마주친다. 따라서 웹사이트는 파트너와 고객들이 그 행사에 대한 첫인상을 갖는 데 결정적인 역할을 한다. 또한 파트너와 고객들이 웹사이트에서 필요한 정보를 수시로 얻어가기 때문에 최신 상태로 업데이트해야 한다.

대부분의 회사는 행사를 기획할 때 필요한 웹사이트를 외부업체에게 맡긴다. 영업 또는 마케팅 담당자가 하기 어려운 기술적 요소를 담고 있고, 또 웹사이트를 깔끔하게 꾸미기 위해서는 웹디자이너의 전문 역량을 필요로 하기 때문이다.

현업 담당자는 마케팅용 웹사이트를 오픈하는 순간부터 골치를 앓기 시작한다.

첫번째 변수는 상사나 파트너의 변덕이다. 상사와 파트너들이 웹사이트를 보고 지적하면서 수정을 지시하기 시작하면 웹사이트 관리가 갑자기 부담스러운 일로 변한다. 내가 웹사이트를 만든 것이 아니기 때문에 외주업체와 수시로 커뮤니케이션하면서 수정 요청사항을 반영해야 한다. 상사나 파트너의 의중을 정확하게 반영하기 전까지는 상사―외부업체―상사 사이에서 왔다갔다 하는 커뮤니케이션을 계속할 수밖에 없다.

두번째 변수는 행사 내용 자체가 개막 직전까지 변경되는 점이다. 모든 행사는 VIP 참석에서부터 연사까지 변수가 많다. 행사 개막 며칠 전까지 VIP와 연사 참석 여부가 확정되지 않는 경우가 허다하다. 이처럼 행사 내용이 변하면 이를 웹사이트에 즉시 반영해야 하는데, 이 작업 역시 외주업체에 의존해야 한다. 간단한 변경작업마저도 외주업체에 요청하고 제대로 반영됐는지를 확인하는 데 신경쓰면 정작 중요한 일을 놓칠 수도 있다. 이를테면 강연자 이름 또는 날짜에 오타가 있어서 수정하는데, 바로 적용되지 않아 애를 먹은 적이 한두 번이 아니다.

나에게 웹사이트는 가장 중요한 일인데, 내가 이를 마음대로 다루지 못한다는 점은 나의 활동 폭을 결정적으로 좁히는 원인이었다. 하지만 조선비즈에 합류하기 전까지 웹사이트라는 나의 핵심 플랫폼을 직접 다루려는 생각조차 하지 못했다. 국내 마케팅용 웹사이트들은 대부분 화려하고 예뻐야 하기 때문에, 전문업체의 도움을 받지 않고서는 그런 웹사이트를 만들 수 없다고 단정했기 때문이다.

[구글 사이트 도구]로 행사 웹페이지를 만들기 위해 제목을 적은 기본 화면이다.

    조선비즈는 내게 마케팅용 웹사이트를 [사이트 도구]를 이용해 직접 만들어 운영할 것을 요구했다. 처음 [사이트 도구]를 접한 순간 만감이 교차했다. '나의 핵심역량도 아닌데 내가 과연 할 수 있을까?'라는 의문과 함께 '직접 하면 골치 아픈 커뮤니케이션 과정을 생략할 수 있겠네'라는 생각이 교차했다. 우려는 고통으로 변했다. [사이트 도구]의 관리자 페이지에서 메뉴를 구성하고 내용을 작성하는 작업은 간단했지만, 기존 다른 웹사이트처럼 꾸미는 것은 생각처럼 쉽지 않았다. 1990년대 유행했던 나모 웹에디터는 위지윅WYSIWYG, What You See Is What You Get 방식으로 사이트 모양을 내가 구상한 대로 사이트를 만들 수 있었다. 이에 비해 [사이트 도구]는 내가 어떤 모양을 만드는지를 알기 어려웠다.

    위에 제시한 이미지는 [사이트 도구]로 스마트클라우드쇼 행사용 웹사이트를 만들기 위해 처음 시도했던 모습이다. 이렇게 일단 제목만 쓰고 사이트를 개설하고 나서, 그다음 작업을 어떻게 해야 할지 몰라 막막해 손을 놓기도 했다. 또 웹디자이너 도움을 받지 않고 내가 직접 만든 웹사이트가 너무 촌스러워서 고객들이 이 웹사이트를 보고 딴 데로 도망가지 않을까 싶기도 했다.

하지만 [사이트 도구] 기능들을 하나씩 이용해 웹사이트 모양을 갖춰가면서 매력을 느끼기 시작했다. 예를 들어 레이아웃 배치도 바꿔보고, 메뉴 구성도 세로에서 가로로 바꾸는 등 전체 틀을 내 생각대로 구성해봤다. 이어 사이트에 공개할 글에 색깔을 넣거나 표를 만들어 넣었고, 광고용 이미지 배너도 적당한 위치에 붙이다보니 웹사이트가 점차 모양을 갖추기 시작했다. 여느 마케팅용 웹사이트처럼 화려하지 않았지만 필요한 정보는 모두 담아 담백하면서 소박한 웹사이트를 스스로 구축하는 데 성공한 것이다.

[사이트 도구]를 이용해 내가 직접 웹마스터 역할을 수행하면서 얻은 최대의 소득은, 웹사이트를 구축하고 나서 생기는 온갖 변수에 효과적으로 대응할 수 있다는 점이었다. 콘퍼런스 행사의 경우 가장 큰 애로사항은 프로그램이 확정되기까지 강연자가 수시로 바뀌는 점이다. 또 강연자의 프로필과 발표자료를 구하는 대로 바로 웹사이트에 반영해서 고객들의 정보 욕구를 충족시켜줘야 한다.

나는 이런 상황에 대해 대처하기 위해 '원 도큐먼트' 원칙을 웹사이트 구축에 적용했다. 원 도큐먼트 원칙이란 하나의 테마에 대해 하나의 원본만 관리하고 복사본을 만들지 않는 원칙이다. 나는 행사 프로그램을 [구글 문서도구]로 만들어 내부 커뮤니케이션에 사용하고, 어느 정도 프로그램이 확정되면 이 문서를 그대로 웹사이트에 게재했다. [사이트 도구]는 [문서도

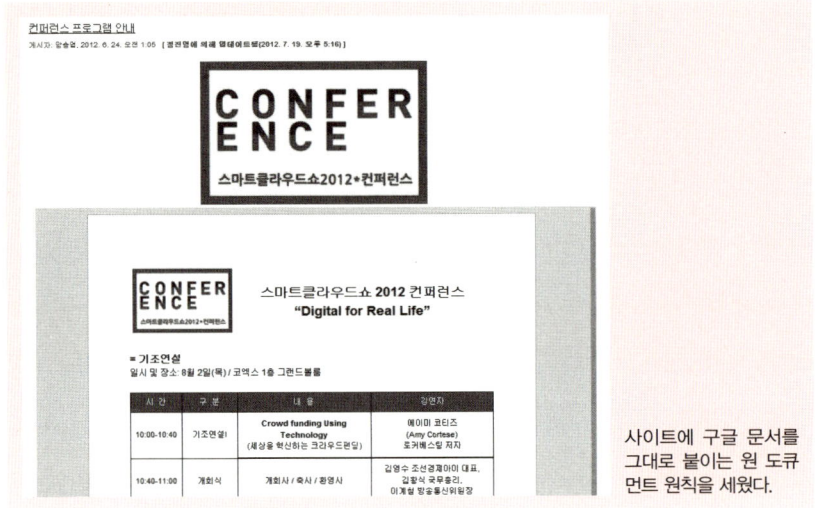

사이트에 구글 문서를 그대로 붙이는 원 도큐먼트 원칙을 세웠다.

구]로 만든 자료를 사이트에 그대로 게재하는 기능을 제공하고 있다.

따라서 웹사이트를 오픈하고 나서 프로그램 내용이 계속 바뀌면 나는 해당문서를 찾아 내용을 업데이트하면 된다. [문서도구]로 만든 원본 문서내용을 수정하면 웹사이트에 게재된 부분도 자동으로 수정되기 때문이다. [사이트 도구]의 각종 기능들을 하나씩 배우고 쓸수록 웹사이트는 알차게 변했다. 웹사이트 관련 작업시간도 획기적으로 줄어들었다. 유튜브 영상이나 PPT 파일도 '구글 프레젠테이션' 형식으로 변환해 직접 삽입하고, 구글 양식도 필요에 따라 직접 삽입해 연결단계를 줄였다.

간혹 대행사 담당자 또는 외부에서 웹사이트 관리에 대해 물어보곤 한다. 담당자인 내가 직접 관리한다고 하면 모두 믿지 않으려고 한다. 그들은 "바쁜데 그 어려운 것을 어떻게 직접 하느냐"고 묻는다. 처음엔 서툴고

헷갈리는 등 힘들었지만, 직접 하면서 익숙해질뿐더러 정말 간단하고 편리하다는 이야기에 다들 부러운 눈빛으로 쳐다보며 경청한다. 웹사이트를 구축하고 나서 내용을 수시로 수정하는 데 어려움이 많은 것은 다들 공감하기 때문이다.

[사이트 도구]를 익히면서 어릴 때 갖고 놀던 레고 블록을 연상했다. 레고가 제공하는 여러 가지 블록과 캐릭터를 갖고 내가 원하는 테마를 만들며, 싫증나면 언제든지 해체해 다시 사용했었다. 어린 마음에 내가 원하는 모양을 만들 수 있다는 것이 마음에 쏙 들었다. 나는 그저 레고 블록의 조합 원리만 깨치면 내 의지대로 내가 원하는 것을 만들 수 있었던 것이다. [사이트 도구]의 구성원리는 레고 블록과 유사하다. 텍스트 문서, 이미지, 동영상 등은 레고의 개별 블록과 같고 나는 이런 블록을 갖고 내가 필요한 모양을 조합해서 사용하면 된다. 어린 시절 레고를 통해 장난감에 대한 자율권을 얻었듯이 직장인으로서 [사이트 도구]를 통해 웹사이트에 대한 자율권을 얻었다. 그럼으로써 나는 비로소 내 업무에 더 몰입할 수 있게 됐고, 새로운 변수에 즉시 대응이 가능해졌다.

손쉽게 웹사이트 운영하기

1. 벤치마킹할 사이트를 찾아 따라해보라
[사이트 도구]의 기능을 익히려면 개인 웹사이트를 구축해보고 수시로

업데이트하면 가장 좋다. [구글 앱스]의 파트너사(넷킬러, SBC테크놀로지 등)들의 홈페이지를 따라해보는 것도 좋은 방법이다. [구글 앱스]를 서비스하는 회사들이기 때문에 전화하면 설명도 친절하게 해준다.

2. 템플릿을 이용하라

[사이트 도구]에는 다양한 템플릿(샘플 양식)이 있다. 초보자는 템플릿만 잘 활용해도 멋진 웹사이트를 운영할 수 있다.

3. 변경이 잦은 정보는 '구글 문서'를 삽입하면 관리하기 편리하다

웹사이트를 제작할 때 콘텐츠 구성과 내용들을 미리 정리하는 것은 기본이다. 그런데 웹사이트 콘텐츠 중에 수시로 내용이 바뀌는 것들은 '구글 문서' 삽입으로 처리하면 좋다. '구글 문서'에서 변경하면 [사이트 도구]에도 한꺼번에 반영되기 때문에 콘텐츠를 관리하기가 한층 수월하다. 문서를 삽입할 경우 반드시 공유 설정에서 '비공개'를 '웹 공개'로 변경해야 사용자들이 볼 수 있다.

4. 이미지를 적극적으로 활용하라

웹사이트 메인페이지에 관련 글을 게시할 경우 이미지도 같이 삽입하라. 밋밋한 글 앞에 관련 이미지가 있으면 한결 보기 좋아진다.

5. SNS와 적극적으로 연동시켜라

[사이트 도구]에서 트위터, 페이스북 등 다양한 SNS와 연동이 가능하

다. 사이트와 SNS를 연결해놓으면 실시간 마케팅과 고객들의 반응을 체크하는 데 효과적이다.

6. 구글 웹로그 분석도구인 [구글 어낼리틱스]를 활용하라

자료를 제대로 분석하면 다음 전략이 보인다. [구글 어낼리틱스]는 방문자 수, 페이지뷰, 신규방문자 수, 지역별 접속자 수 등 마케팅 효과 분석을 위한 다양한 정보를 일자별로 정리해서 볼 수 있도록 해준다.

To Be World's Best Googler

마케팅

구글 사이트 도구는
시간 절약 도우미다

한국의 기업과 공기관 웹사이트를 방문해보면 공통점을 발견할 수 있다. 한국의 웹사이트는 대부분 이미지를 활용하여 전체 사이트를 꾸미고 있다. 특히 웹사이트의 간판 격인 메인 사이트를 큰 이미지 파일 하나로 꾸미고, CEO 인사말 등 핵심 콘텐츠도 큰 이미지 파일 하나로 꾸미고 있다. 신상품 소개 등 마케팅용 웹페이지 역시 큰 이미지 파일 하나에 필요한 정보를 모두 담아서 웹페이지에 거는 방식을 선호한다. 고객 사은행사 등 이벤트용 웹사이트도 같은 방식으로 꾸미고 있다.

1990년대 중반 웹사이트가 한국에 상륙한 이후 웹사이트는 프로그래밍 기술과 네트워크 인프라 발전에 영향을 받으면서 발전을 거듭해왔다. 그런데 어느 순간부터 화려함을 추구하는 디자인 또는 그래픽 중심의 웹 문화가 한국 웹 문화로 깊이 뿌리를 내렸다. 이런 웹 문화 때문에 웹사이트를 이용하는 사용자와 웹사이트의 의사결정권을 가진 사람들이 모두 웹사이트에서 이미지를 다루는 그래픽 요소를 가장 중요하게 여기고 있다.

이를테면 구글처럼 첫 화면에 이미지를 거의 사용하지 않고 단순하게 꾸민 사이트를 보면 작업을 하다가 중단에 그만둔 사이트쯤으로 여기는 것이다. 반면 라스베이거스 메인스트리트의 화려한 네온사인 행렬처럼 화려한 이미지로 가득찬 사이트를 보면 제대로 만든 사이트로 생각한다. 이런 문화는 기업과 정부기관의 웹사이트 담당자들로 하여금 미려하고 화려하게 꾸미기 위해 디자인 요소를 개발부서나 개발업체에 요구하도록 만들었다. 특히 한국 기업의 웹사이트에서 CEO 인사말과 같은 문자정보마저 이미지로 표현하는 것을 하나의 표준으로 삼고 있다.

이처럼 웹사이트를 화려하게 꾸미면 웹페이지 로딩 속도가 떨어지고 검색이 되지 않는 등 각종 부작용이 나타난다. 이미지 지향 웹 문화에서 가장 심각한 피해를 입는 당사자는 각 조직의 현업 담당자들이다. 이는 이미지를 주로 사용하여 만든 웹사이트를 만들고 또 수정을 하려면 절차가 복잡하고 또 그래픽 디자이너와 프로그래머 등 전담 인력의 손을 반드시 거쳐야만 가능하기 때문이다. 이 책 여러 부분에서 강조했듯이 직장의 현업 담당자들은 자신의 업무를 웹사이트라는 플랫폼에 의존해야 한다. 그런데 자신의 일을 처리하는 데 필요한 웹사이트를 자유자재로 다루지 못하면 자신의 업무를 효율적으로 수행하기란 거의 불가능하다.

이런 문제를 해결할 수 있는 방법은 크게 두 가지다. **먼저, 웹사이트에서 이미지 요소를 확 줄여 텍스트 중심의 웹사이트를 구축해야 한다. 둘째, 현업 담당자가 간단한 배너를 만들어 웹사이트에 걸 수 있을 정도로**

이미지 편집도구를 익혀 직접 사용해야 한다. 여기에 현업 담당자가 웹사이트 프로그래밍 언어인 HTML를 배워서 응용할 수 있으면 금상첨화다. 특히 마케팅부서는 연중 크고 작은 마케팅 이벤트를 숨 가쁘게 진행한다. 마케팅 이벤트의 기본은 관련 웹페이지를 만들어 이를 오프라인 매체와 온라인 매체에 홍보하는 것이다. 또 소셜미디어가 대중화되면서 웹페이지를 소셜미디어에 널리 퍼뜨리기도 한다.

마케팅 현업자가 마케팅의 출발점이자 도착점인 웹페이지를 자신의 의지대로 다룰 수 없다면 업무 효율성은 반감될 수밖에 없다. 다음은 조선비즈 마케팅 현업자가 그래픽 디자이너의 도움을 받지 않고 웹페이지를 구축하고 운영한 경험담이다.

화려한 이미지를 버려야, 명료한 메시지 전달이 가능하다
김규승, 광고제휴팀장

나는 회사에서 마케팅과 제휴사업을 담당하고 있다. 기업들과 특정 상품이나 서비스 프로모션을 위해 새로운 캠페인을 진행할 경우 웹사이트 제작과 운영은 반드시 필요한 요소다. 캠페인용 웹사이트에는 관련 기사나 자료, 동영상, 이미지 등을 웹사이트를 통해 일목요연하게 정리해서 고객들이 보다 심도 있게 해당 캠페인의 주제를 이해하고 관련 지식을 습득하도록 만드는 것이 중요한 포인트다. 캠페인이 6개월 이상 장기로 진행될 경우 웹사이트의 내용을 일정 기간을 주기로 변경해줘야 하고 수시로 관련 콘텐츠를 업데이트해야 한다. 이런 캠페인의 경우 웹사이트를 구축해 놓더라도 계속적으로 운영에 많은 시간을 투자해야 한다.

[구글 사이트 도구]를 활용하기 전에는 캠페인용 웹사이트를 구축하기 위해 IT부서 또는 외부업체에게 작업을 의뢰하곤 했다. 캠페인은 대부분 촉박하게 결정되기 때문에 웹사이트 구축 역시 짧은 시간 안에 만들어 달라고 요청하는 것이 관례다. 이런 점 때문에 십중팔구는 디자인 개발과 사이트 개발에 많은 시간을 할애해야 해서, 도저히 이벤트 개시 시점에 작업 일정을 맞추기 힘들 것 같다는 답변을 듣는다. 특히 이미지 파일을 만드는 디자인 작업에 많은 시간을 투입해야 한다는 말을 듣는다.

이전 직장에서 온라인 마케팅을 진행하기 위해 웹사이트를 구축하고 운영하면서 겪었던 고생을 생각하면 마케팅 분야를 떠나고 싶기도 하다. 웹사이트 개발 단계에서부터 마음을 졸이면서 관련자들에게 애걸하다시피 부탁을 해야 한다. 더 큰 괴로움은 상사로부터 웹사이트를 승인받는 과정과 마케팅 진행과정에서 발생한다. 상사가 "이 사이트 왜 이렇게 후져?"라고 지적하면 일할 맛이 나지 않는다. 지적사항을 그래픽 디자이너에게 설명하고 작업을 요청해야 하기 때문이다. 또 마케팅을 진행하다가 고객으로부터 불평을 접수하면 그 점을 해결하기 위해 또 그래픽 디자이너에게 낮은 자세로 작업을 부탁해야 한다. 이런 식으로 온라인 마케팅을 진행하다보면 본말이 뒤바뀌었다는 생각이 든다. 실제 마케팅에 투입하는 에너지보다, 웹사이트 구축과 운영에 더 많은 에너지를 쏟고 있는 것 아닌가라고 생각하는 것이다.

조선비즈의 이벤트 사이트(event.chosunbiz.com)는 현업자들이 직접 운영한다. 문서를 수정하듯 사이트를 간편하게 수정할 수 있다.

    [사이트 도구]를 접하고 나서 웹사이트 구축 및 운영 전략을 180도 수정했다. 가장 큰 원칙은 내가 필요한 마케팅용 웹사이트는 내가 직접 구축하는 것이다. 두번째, 내가 직접 웹사이트를 구축하기 위해서는 과감하게 이미지 요소를 확 줄이고 텍스트 중심으로 사이트를 꾸며야 했다. 세번째, 최소한의 이미지 요소를 가미하는 데 필요한 이미지 처리작업을 스스로 익혀서 활용하기로 했다.
    이런 전략을 실행하는 데 가장 필요한 것은 웹사이트에 올린 각종 콘텐츠를 미리 확보하는 일이었다. 이를 위해 나는 [구글 문서도구]를 이용해

행사 안내 자료, Q&A 자료 등 기초 홍보콘텐츠를 미리 작성했다. 또 [구글 피카사 웹앨범]과 '유튜브', '프레젠테이션 슬라이드' 등 [구글 앱스]의 각종 멀티미디어 도구를 이용해 멀티미디어 콘텐츠도 미리 만들어뒀다. 이런 콘텐츠들은 텍스트 위주의 웹사이트를 역동적으로 만드는 데 아주 효과적이다.

두번째, 각 페이지에 필요한 배너 등 최소한의 이미지 콘텐츠를 '아트웨이브'라는 온라인 이미지 편집 프로그램을 활용해서 미리 만들었다. '아트웨이브'는 프리웨어로 온라인에서 쉽게 구할 수 있는 프로그램으로 포토샵의 주요 기능들을 구현해놓은 프로그램이다. 이 프로그램을 통해 기본적인 배너와 주요 타이틀 이미지, 기타 사이트 요소에 들어가는 이미지를 만들어 이미지 콘텐츠로 사용했다.

세번째, [사이트 도구]의 웹사이트 구축 프로세스에 따라 페이지를 구성하고 각 페이지에 미리 만든 콘텐츠를 배치함으로써 웹사이트를 완성시켰다.

이렇게 [사이트 도구]를 활용해서 만든 사이트는 전문가들이 만든 것과 같이 디자인적으로 완성도가 아주 높지는 않다. 하지만 고객에게 필요한 정보를 충실하게 담은 실용적 사이트로서 활용가치가 높다. 특히 내가 만든 웹사이트의 가치는 내부 승인과정과 운영과정에서 빛을 발휘한다. 먼저, 수정이 아주 편리하다. 이미지 요소를 최소화했기 때문에 수정이 필요한 부분만 간단한 작업으로 고칠 수 있다. 마치 워드프로세서에서 단어 몇 개를 수정하는 정도의 작업이 대부분이다. 둘째, 확장성이 좋다. 새로운 페이지를 추가하거나, 한 페이지에 새로운 콘텐츠를 추가할 필요가 있을 때 디자이너와 프로그래머의 도움을 전혀 받지 않고 내가 바로 추가할 수 있다. 수정이 편리하고 확장성이 좋은 웹사이트를 스스로 만들어 운영하면서 얻은 가장 큰 소득은 본래 내 일에 몰두할 수 있는 점이다. 기능적인 부분을 도움받기 위해 다른 사람에게 매달리고, 또 청탁한 작업이 마무리될 때까지 초조하게 기다리지 않아도 된다.

하지만 한국 고유의 웹 문화로 인해 새로운 문제를 만나기도 했다. 자체 마케팅용 웹사이트를 내 방식대로 만들어 운영하는 것은 문제가 없었으나, 고객의 요청으로 웹사이트를 만들 경우 그 고객의 승인을 받는 과정에서 역시 이미지 중심 웹 문화가 장애로 등장하곤 했다. 고객사는 실제 웹사이트 기능과 효과보다 상사에게 비치는 인상을 고려해 더 화려하고 더 세밀하게 가다듬어줄 것을 요구하곤 했다. 나는 이런 고객사들에게 실적을 보여주면서 실용적 웹사이트가 얼마나 필요한지를 설명했다. 고객사들은 처음에 완강하게 실용적 사이트에 대해 거부감을 표시하다가, 조금씩 태도를 바꾸기 시작했다. 특히 소셜미디어 시대에는 웹사이트보다 개별 콘텐츠 단위로 유통되는 점에 대해 동의함으로써 실용적 웹사이트의 필요성에 공감했다.

물론 [사이트 도구]는 정형화된 제작 툴을 이용하기 때문에 이미지 중심의 웹사이트와 같이 자세한 부분까지 표현하는 데 어려움이 있는 것은 사실이다. 하지만 '웹사이트의 종말'을 예고하는 목소리가 설득력을 얻어가듯이, 스마트폰과 소셜미디어의 확산은 웹사이트의 역할을 급속도로 축소시키고 있다. 이런 추세에 따라 마케팅 담당자는 어떻게 하면 기존의 비효율적인 프로세스를 없애고, IT부서의 도움을 최대한 줄여서 내가 원하는 대로 프로모션을 구성할 수 있는가, 어떻게 해서 언제 어디서나 업데이트와 피드백이 가능한 이벤트 사이트를 만들 것인가를 놓고 고민할 수밖에 없다.

[사이트 도구]로 웹사이트를 만들기 위해서는 이미지 위주의 웹사이트 제작방식을 과감하게 버려야 한다. 기존 웹사이트의 불필요한 이미지는 버리고 여기저기 흩어져 있는 다양한 콘텐츠를 유기적으로 연결해서 가장 효율적으로 제작하는 인식의 전환이 필요하다. 그리고 제작자는 웹마스터가 돼서 언제 어디서든 업데이트와 수정을 할 수 있어야 한다. 다만 이때 기업의 아이덴티티(CI, Corporate Identity)나 사업의 브랜드 아이덴티티(BI, Brand Identity) 등의 규정을 잘 준수할 필요가 있다.

명료한 웹사이트 만들기

1. 사이트에 올릴 자료를 미리 정리해둬라

[사이트 도구]를 보다 효율적으로 만들기 위해서는 사이트에 임베딩할 수 있는 [문서도구]와 [피카사 웹앨범], [구글 캘린더] 등을 통해 자료를 잘 정리해놓는 것이 중요하다. 이런 자료들은 제목만으로 대강의 내용을 짐작할 수 있도록 구조화하는 것이 중요하다. 사진은 날짜별로 분류하거나 카테고리로 분류해 [피카사 웹앨범]으로 관리하면 좋다.

'아트위버'는 포토샵과 같은 레이어 기능과 강력한 이미지 편집 기능을 제공한다.

2. 이미지 편집도구를 익혀라

사이트에 들어갈 배너나 이미지 편집을 위해서는 포토샵이 없어도 간단하게 설치해서 사용하는 무료 프로그램과 설치 없이 온라인에서 간편하게 편집할 수 있는 무료 프로그램들을 이용해서 만들 수 있다. 초보자용으로는 만족스럽다.

3. HTML를 직접 배우자

[사이트 도구]의 페이지 제작화면 메뉴 중에 HTML 버튼이 있다. 이 버튼을 이용하면 페이지를 HTML로 본인이 직접 구성할 수도 있다. [사이트 도구]에서 지원하는 가젯을 적용하는 것도 좋은 방법이다. 간단한 HTML을 배워두면 활용할 때가 많다.

To Be World's Best Googler

마케팅

구글 양식은
모객 플랫폼이다

전시회, 콘퍼런스, 교육 프로그램 등과 같은 행사에서 핵심은 잠재고객들에게 관련 정보를 알리는 것과 고객들로부터 참여 신청을 받는 일이다. 아울러 유료 행사인 경우 온라인에서 결제를 처리해야 한다. 행사가 시작되면 사전에 등록한 사람들에게 행사 현장에서 등록 여부를 확인하고 참가할 수 있는 표식을 배포해야 한다. 행사를 마치면 참석한 사람들에게 감사 서신을 보내거나 후속 정보를 보내기도 한다. 행사 참석자 관련 정보는 유사 행사나 다음 해 행사에도 유용하다. 같은 주제일 경우 매년 참석할 확률이 높기 때문이다. 이에 따라 마케팅 담당자들은 각종 이벤트를 기획할 때 고객들이 온라인에서 참가 신청을 쉽게 하도록 하고, 관련 데이터를 디지털 형태로 잘 조직화해야 한다. 이어 수집한 고객정보를 마케팅에 잘 활용하여 수집한 데이터 가치를 발휘해야 한다.

오늘날 마케팅 담당자들은 위와 같은 일을 모두 온라인에서 디지털 형태로 처리하고 있다. 즉, 행사 참가 신청양식을 만들어 웹사이트에 걸고, 고객들이 웹사이트에서 필요한 정보를 입력하면 이를 디지털 데이터로 조직화하여 다음 프로세스에 활용한다. 그런데 현장 마케팅 담당자 대부분은 자신의 핵심업무를 사내 IT부서나 외주업체에 의존하고 있다. 온라인 신청양식을 직접 짤 수 없고, 또 수집한 데이터에 접근해서 필요한 자료를 뽑아 쓸 수 있는 디지털 능력을 지니고 있지 않기 때문이다.

다음은 조선비즈 행사 담당자가 [구글 양식]을 이용해 자신이 필요한 신청 입력 양식을 만들어 웹사이트에 붙이고, 수집한 자료를 활용해 고객관리에 적용한 사례다. 마케팅 담당자가 이처럼 핵심업무를 직접 디지털로 다룰 수 있으면, 여러 가지 구속으로부터 자유를 얻을 수 있다. 또 상사의 변덕스러운 주문이나 외부 변수에 즉각 대응하면서 자신의 업무 리듬을 지킬 수 있다.

모객의 관건은 실시간 대응이다
홍원준, 지식사업팀장

나의 핵심업무는 콘퍼런스와 전시회 등 컨벤션 기획 및 진행이다. 업무의 가장 중요한 요소는 사람이다. 소수의 행사보다는 다수의 많은 사람들을 참여시키고, 또한 사람들의 이야기를 듣는 것이 정말 중요하다. 이러한 일들을 하는 데 있어서 별도 외부업체에게 맡기거나 전담인력을 배

작지만 강력한 [구글 양식]으로 1만 명 규모의 포럼 참가 등록도 해결할 수 있다.

치하는 것이 일반적이다. 그러나 [양식]은 이러한 일들을 혼자서 간단히 해결할 수 있고, 결과를 쉽게 공유할 수 있도록 해준다.

행사를 할 때 가장 중요한 것은 누가 몇 명이 오는지 사전에 확인하는 것이다. 미리 참석자들을 정확히 파악한다면 행사 준비는 정말 수월하다. 그래서 실시간으로 얼마나 등록이 됐는지 파악하며 홍보전략을 수정하는 것이 필요하다. 일반적으로 웹사이트와 등록 및 결제 등은 외부업체나 개발자에게 요청한다.

[양식]은 내가 직접 만들고 수정하며, 웹에서 배포할 수 있다. [양식]을 관련자들에게 공유만 해두면, 관련자들에게 업데이트 상황을 일일이 알리지 않아도 된다. 비용적으로나 시간적으로 크고 작은 행사들을 할 때 혼자서 뚝딱 해낼 수 있다. 조선비즈에서는 모든 포럼을 담당자가 직접 [양식]을 만들어 행사등록 웹페이지에 링크로 연결해 붙인다. 100~200명

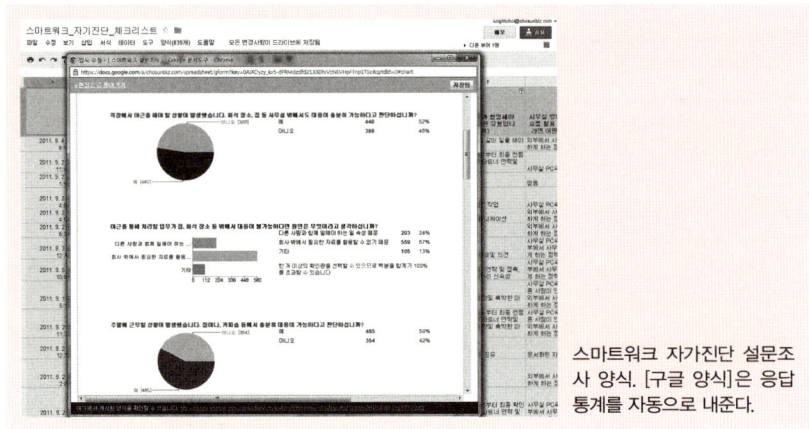

스마트워크 자가진단 설문조사 양식. [구글 양식]은 응답 통계를 자동으로 내준다.

규모의 포럼도, 1만 명이 참석하는 대형전시회도 다 가능하다. 등록비가 있는 경우는 확인메시지에 링크를 연결하여 결제모듈만 붙이면 간단히 해결된다.

'양식 보내기'를 하면 나오는 메시지창에 '결제 바로가기' 링크를 연결하면 된다. 온라인 결제는 이니시스 같은 PG회사에 상점등록해 결제를 바로 할 수 있는 페이지 주소를 받아 연결하면 된다. 행사명칭과 금액 등은 행사 때마다 자유롭게 정해 구성한다. 이러한 것들을 무료로 해주는 온오프믹스(http://www.onoffmix.com)란 서비스도 있다. 인터페이스가 깔끔하고, 수수료가 들지만 결제모듈도 쉽게 붙일 수 있다. 가장 큰 장점은 기존 온오프믹스 회원들한테 홍보할 수 있다는 것이다. 웹사이트를 관리하는 업체 또는 개발자에게 등록페이지를 요청해서 만들 수도 있다. 물론 깔끔하고 편하다. 그러나 실시간으로 수정하고, 현황을 파악하기 어렵다. 별도 프로그램을 개발하여 관리자 페이지에서 직접 할 수도 있지만, 개발

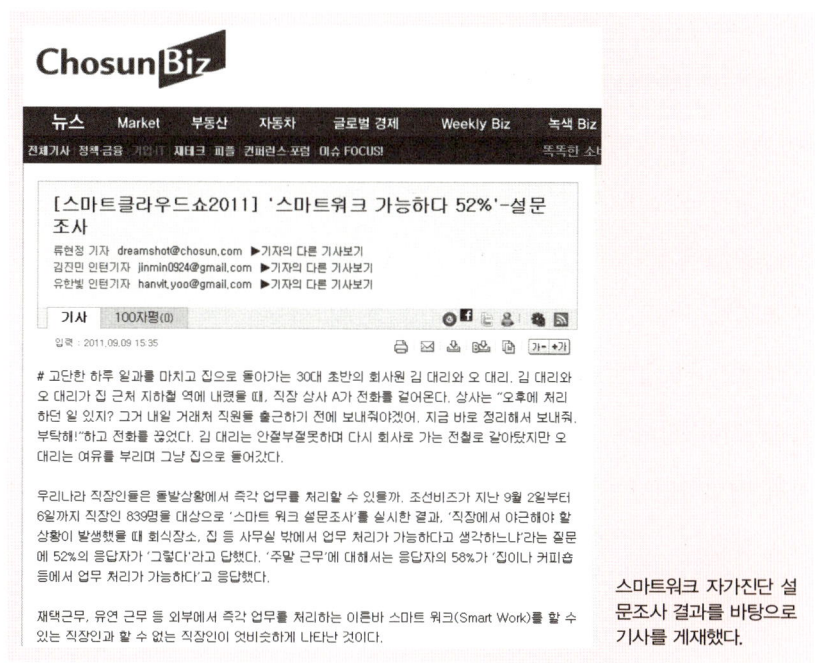

스마트워크 자가진단 설문조사 결과를 바탕으로 기사를 게재했다.

하는 데 비용이 많이 든다.

  이러한 방법들은 외부 서비스를 이용해야 하고, 그에 맞게 내용을 작성하고 확인해야 하는 번거로움이 있다. 그러나 [양식]은 내 것이다. 세련되진 않지만, 내가 직접 A부터 Z까지 직접 할 수 있고 바로바로 적용할 수 있다. 이렇게 받은 리스트는 [구글 주소록]에 옮겨 필요할 때마다 메일을 보내는 등 마케팅에 활용할 수 있다. 리스트가 많을 경우는 별도 메일 발송 프로그램을 통해 업로드해 보낼 수 있다. 관련자들에게 공유해놓으면 첨부파일을 주고받을 일 없이 필요할 때 바로 활용할 수 있으니 이보다 더 좋은 툴이 어디 있겠는가. 이러한 장점을 알기에 아임스코리아 같은 전문등록시스템 업체들도 점차 [양식]을 도입하고 있다.

[양식]의 또 하나 중요한 활용. 설문조사를 만들어 실행할 수 있다. 2011년 스마트클라우드쇼를 준비하면서 만든 페이스북 페이지에 '스마트워크 자가진단'이라는 설문조사를 [양식]으로 만들어 게시했다. 사전등록한 사람들에게도 메일을 보냈다. 커다란 경품을 걸지도 않았지만 응답률은 폭발적이었다.

약 1000여 명의 사람들이 설문에 응했다. 우리는 실시간 응답한 의견들을 모니터링하며 홍보와 행사 방향을 보완할 수 있었다. 또한, 관련 기사를 작성하면서 설문조사에 응답한 사람들의 의견을 직접 반영해 신뢰성을 높였다.

[양식]을 이용해 등록 접수를 받고, 설문조사를 해 그 많은 응답들을 나만의 '구글 스프레드시트'에 모을 수 있었다. 혼자서 할 수 없는 어마어마한 일들을 간단히 해결할 수 있는 것이다. 내가 하고 싶은 것들을 다른 사람과 같이하고자 할 때 [양식]은 슈퍼맨 옷이 돼 마음껏 할 수 있도록 도와준다.

참가를 쉽게 만드는 [구글 양식] 비법

1. 먼저 노트에 [구글 양식]에 들어갈 제목과 내용을 정리해보자

노트에 [양식] 제목과 들어갈 내용을 먼저 작성하면서 생각을 정리하

면, 효율적으로 [양식]을 만들 수 있다.

2. 선택형 질문과 반드시 답해야 하는 질문을 잘 활용하자

응답 내용에 따라 다음 질문 문항이 달라지면 선택형 질문을 선택해야 한다. 문항 완료 버튼 옆에 '반드시 답해야 하는 질문'으로 설정할 수 있는 박스가 있다. 반드시 답해야 하는 질문의 경우 박스를 체크해두면 원하는 답변을 놓치지 않고 받을 수 있다.

3. 마지막 인사 문구도 세심히 살피자

질문에 대한 응답을 완료하고 나면, '응답이 기록됐습니다'라는 메시지가 뜨는 것이 기본 설정이다. 이 메세지를 더 친절한 문구로 바꾸는 것이 좋다. 온라인 결제를 해야 하는 경우, '결제 바로가기' 링크를 연결하면 좋다.

4. 사이트나 블로그 등에 적극 배포하라

[양식]에서 '웹페이지에 양식 삽입' 메뉴를 선택하면 다른 곳에 붙일 수 있도록 아이프레임 iframe 소스가 나온다. 이를 복사해서 다른 사이트, 블로그에 쉽게 배포할 수 있다. [구글 사이트 도구]에서는 '삽입' 메뉴에서 [양식] 파일을 간단히 찾아넣으면 된다.

5. [구글 양식] 내용을 프로젝트 파트너와 공유하라

프로젝트를 공동으로 진행하는 사람들과 응답 내용을 공유하는 것이 중요하다. 공동으로 실시간 응답 사항을 확인하여 현황을 파악할 수 있다.

To Be World's Best Googler

마케팅

구글 주소록은 CRM 도구다

인터넷이 대중화된 이후 웬만한 중견기업들은 자체 CRM Customer Relation Management을 앞다퉈 도입했다. 이들 기업은 고객 데이터를 체계적으로 수집하고 이를 바탕으로 과학적 마케팅을 해야 한다는 판단 아래 수억 원에서 수십억 원에 이르는 투자비를 CRM 구축에 사용했다.

하지만 CRM이 기업 내부 마케팅 업무를 혁신시키고, 경쟁에서 이길 수 있는 무기로써 가동되고 있는가에 대해서는 늘 의문이 따른다. 기업에서 CRM을 도입하면 마케팅 담당자들이 MS엑셀이나 워드프로세서를 다루듯이 CRM을 자유자재로 다루기 어렵다. 대부분의 CRM 솔루션은 복잡한 메뉴 체계를 갖고 있고, 경우에 따라서는 통계학적 지식을 요구하기도 한다. 이에 따라 CRM을 도입한 회사들은 CRM을 전문적으로 다루는 사람을 별도 배치해서 마케팅 현업 담당자들이 이 사람에게 도움을 요청하도록 한다. 이렇게 디지털 도구와 그것을 사용하는 사람 사이에 매개체를 필요로 하면 업무 효율성은 떨어지게 마련이다.

기업이 CRM을 도구로 삼아 대고객 업무 효율성을 높이고, 경쟁에서 이길 수 있는 경쟁력을 얻으려면 마케팅 담당자들이 CRM을 워드프로세서나 스프레드시트를 다루듯이 자유자재로 다룰 수 있어야 한다. 그래야 고객 데이터를 수시로 분석하고, 그 분석에 맞게 마케팅 전략을 수행하게 된다.

CRM의 핵심가치는 고객이 누구인지를 알고, 그 지식을 바탕으로 고객과 함께 실시간 호흡하는 것이다. 그렇게 하려면 고객 연락처 정보는 물론, 고객이 어떤 상품과 서비스를 이용했는가를 정확히 파악하는 것이 기본이다. 특히 고객 연락처 정보는 마케팅 담당자가 언제 어디서든지 마케팅 메시지를 전달할 수 있도록 즉시 연락 가능한 형태로 보관하고 있어야 한다. 그래야 떨어져나갈 확률이 높은 고객에게는 붙잡을 수 있는 미끼를 제시하고, 충성도가 높은 고객에게는 더 충성하도록 이끌 수 있다. 또 잠재고객은 새로운 욕구를 느끼도록 돕고, 새로운 상품이나 서비스에 인접한 고객에게는 새로운 길로 안내할 수 있다.

다음은 마케팅 담당자가 [구글 주소록]을 이용해 1만여 명에 이르는 고객 데이터베이스를 연락 가능한 형태로 직접 구축하고, 상황에 맞게 그 데이터를 자유자재로 활용한 스토리다. 중소기업에서 근무하는 마케팅 현업자라면 누구나 실천 가능한 CRM 활용기인 셈이다. 우리가 그간 활용한 CRM 중에서 가장 손쉽고 효과적이라고 자부한다.

언제든지 필요한 고객들을 추출해 연락할 수 있는 것이 CRM의 핵심이다

홍원준, 지식사업팀장

나는 지식사업을 맡아 1년에 십여 차례 콘퍼런스를 개최하고 있다. 또 3일짜리 대형 전시회도 두 차례 정도 정기적으로 개최하고 있다. 이런 행사에 참여하는 참관객들은 매년 1만여 명에 이르고 있다. 독립 콘퍼런스의 경우 200~300명 정도가 참석하며, 대형 국제 콘퍼런스와 전시회는 6000여 명이 참석한다.

나는 매달 1회 꼴로 예정된 콘퍼런스와 전시회를 미리 생각하면 늘 골치가 아프다. 특히 나의 머리를 가장 아프게 하는 것은 행사 흥행이다. 아무리 행사를 잘 준비해도 사람이 북적거리지 않으면 업계에서 행사를 낮게 평가하고 상사도 싫은 소리를 하기 때문이다. 그래서 늘 행사 흥행에 성공하기 위한 방법을 찾는 데 골몰했다. 하지만 행사 흥행은 매번 주사위를 던질 때 무엇이 나올지 몰라 초조해하는 것과 같다. 올해 행사가 잘 됐다고 해서 내년 행사도 잘된다는 보장이 없다.

이런 고민을 해결할 수 있는 확실한 방법 중 하나는 행사에 참석한 사람들의 인적정보를 모아두는 것이었다. 전시회와 콘퍼런스에 참석하는 사람은 대부분 그 분야 종사자이면서 실무자인 경우가 많기 때문이다. 이들은 단순한 호기심 때문이 아니라 실제 업무에 필요해서 행사를 찾는 실수요자이므로 이들 정보를 잘 활용하면 행사 참석률을 안정적으로 확보할 수 있다고 판단했다. 이런 판단 아래 약 3년에 걸쳐 3만여 명의 행사참석자 정보를 수집했다. 하지만 참석자 명단을 담은 MS엑셀 파일 수십 개를 열어보고는 암담했다. 각기 따로 존재하는 참석자 정보를 갖고 어떻게 분석하고, 또 어떻게 분류해 이메일이나 SMS를 보낼 것인가를 생각하니 답을 도저히 찾을 수 없었다. 내가 통계 전문가도 아니고, IT기술자도 아니어서 그런 복잡한 작업을 할 엄두조차 나지 않았던 것이다.

나는 [주소록]을 이용해 가장 현실적이면서 작동 가능한 CRM를 만들어 각종 행사 홍보 등 행사 관리에 사용하고 있다. 조선비즈의 콘퍼런스와 전시회는 북한경제를 비롯해 중국, 일본 경제포럼, IT콘퍼런스 및 전시회, 재테크 포럼 등 경제경영 분야에 집중돼 있다. 따라서 한 번 행사에 참석한 고객을 대상으로 한 모객 마케팅이 가장 효과적이다. 또 같은 테마에 지속적으로 참석한 고객은 충성고객으로 매년 행사에 계속 참석할 가능성이 가장 높다.

나는 간편하면서 현실적인 CRM을 구축하고 활용하기 위해 먼저 모든 모객을 온라인에서 진행했다. 구체적으로는 [구글 양식] 기능을 이용해 온라인 참가양식을 만들어 고객들이 자신의 정보를 입력하도록 했다. 온라인 양식으로 수집한 고객정보는 엑셀과 같이 스프레드시트 형식으로 자료화된다. 이 자료의 최대 단점은 이 자료를 이용해 이메일 뉴스레터를 보내거나 단문메시지를 보낼 수 없다는 점이다. 즉, 연락 가능한 형태로 존재하지 않는 점이 가장 불편하다.

그동안 업무 경험을 통해 고객정보는 연락 가능한 형태로 보관돼야 한다는 점을 절감했다. 연락 가능한 형태란, 언제든지 필요한 고객들을 추출해 이들에게 이메일 뉴스레터나 SMS을 보낼 수 있는 상태를 뜻한다. 국내에서 중소회사들은 대체로 고객 메시지 발송을 위해 포스트맨과 같은 EMS Email Management System 플랫폼을 이용한다. 즉, 고객정보를 스프레드시트로 수집하면 이를 EMS의 고객정보 양식에 맞게 업로드한 다음, 뉴스레터나 문자메시지를 원하는 고객에게 보낸다. 이처럼 별도 시스템에 고객정보 복사본을 업로드할 경우 불편한 점이 한두 가지가 아니다. 우선 원본 데이터가 바뀔 경우 다시 별도 이메일 전송 시스템에 바뀐 상황을 반영해야 한다. 또 고객정보 모집단에서 필요한 그룹핑 작업을 하기 어렵다.

나는 이런 문제를 해결하기 위해 스프레드시트에 담긴 고객정보를 모두 [주소록] 양식으로 바꿨다.

먼저, 행사에 상관없이 조선비즈 컨벤션에 참석한 모든 고객자료를 [주소록] 양식으로 만들어 올렸다. 이때 행사명은 그룹 이름으로 지정하여 1차 태그가 붙도록 했다.

두번째, [주소록] 병합기능을 이용해 이름과 소속, 이메일이 같은 사람은 하나의 주소록으로 합쳤다. 이때 만약 한 사람이 두 개의 행사에 참석했다면 두 개의 태그가 붙어 부가가치가 생긴다. [주소록]의 장점 중 하나는 하나의 고객 데이터에 여러 그룹명을 붙일 수 있는 점이다.

세번째, 내가 만든 고객 주소록을 구글 크롬 앱스 솔루션의 하나인 [쉐어드 그룹]을 이용해 사내에 필요한 사람과 공유했다. 주소록을 나 혼자 소유할 경우 나의 팀원이나 관련업무자들이 활용하지 못하기 때문이다.

이렇게 구축한 컨벤션 고객 주소록은 나의 막강한 CRM 도구다. 내가 새로운 포럼을 기획할 경우 새로운 그룹을 만들고 고객 정보 모집단에서 참석 가능성이 높은 고객들을 추출하여 그 그룹이름 태그를 붙인다. 그리고 해당 그룹으로 프로모션용 이메일 뉴스레터를 보낸다. 행사가 끝난 뒤, 참석자에게 감사 이메일을 보낼 때도 편리하다. 행사명을 그룹으로 지정하여 그 그룹에게 감사편지를 전체 메일보내기를 통해 발송한다.

CRM을 위한 최적의 주소록 만들기

1. [구글 주소록] 형태에 맞춰 [구글 양식] 문항을 만들어 고객정보를 수집하라

[양식]으로 콘퍼런스 참석자 접수를 받을 때 접수 양식을 [주소록] 양식에 따라 만들 것을 권한다. 예를 들어 이름, 연락처(전화번호, 이메일 등), 소속 및 직책 등 각 항목 명칭과 순서를 [주소록] 형태에 맞게 신청 양식을 만들면 그 양식에 의해 작성된 고객정보를 그대로 [주소록]에 올릴 수 있다. 즉, [양식]을 통해 수집한 고객정보 파일을 CSV 파일로 만든 다음, [주소록]의 가져오기 기능에서 해당 파일을 불러들이면 참가자 정보가 [주소록] 정보로 변신한다.

2. 고객 주소록을 그룹별로 묶어서 관리하라

주소록을 많이 모으는 것이 중요하지 않다. 고객을 행사 성격이나 미래 활용 방면을 기준으로 늘 분류하는 작업을 게을리해서는 안 된다. 고객

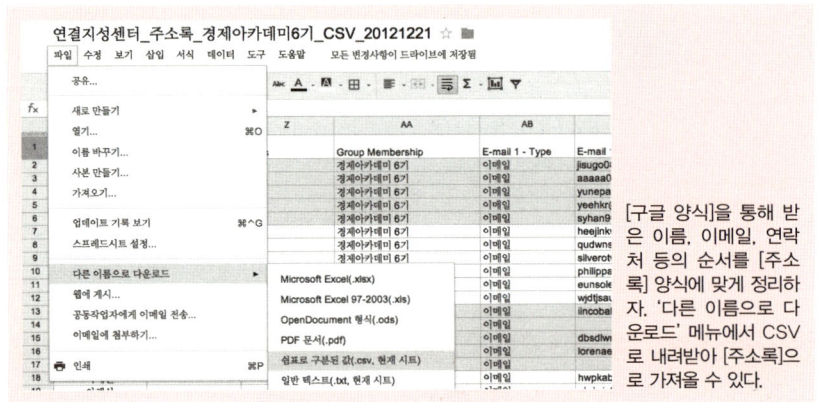

[구글 양식]을 통해 받은 이름, 이메일, 연락처 등의 순서를 [주소록] 양식에 맞게 정리하자. '다른 이름으로 다운로드' 메뉴에서 CSV로 내려받아 [주소록]으로 가져올 수 있다.

분류 작업은 하나의 주소록에 여러 개의 그룹명을 붙이는 방식을 활용할 수 있다. 그룹명을 붙이는 것은 문서에 정보를 담은 태그(꼬리표)를 다는 것과 같은 것이다. 이처럼 평소에 그룹핑을 잘해두면 특정 사안과 관련된 목표 고객을 찾을 때 아주 유용하다.

3. [구글 주소록]을 주기적으로 동료들과 공유하라

　행사가 마무리될 때 자문단, 연사자, VIP, 참석자 정보를 [주소록]으로 만든 다음 이를 회사 내 필요한 사람과 반드시 공유해야 한다. 많은 직장인들이 자신의 업무 영역에서 수집한 인적정보를 자신만의 자산으로 착각하곤 한다. 하지만 고객의 인적정보는 사실상 특수한 정보가 아니라 범용정보이며, 또 자신이 나중에 외근중이거나 휴가중일 경우 동료가 내 업무를 백업할 때 절대적으로 필요한 정보이기도 하다. 따라서 늘 새로 수집하거나, 업데이트한 고객 주소록을 회사 사람들과 공유해야 한다.

To Be World's Best Googler

마케팅
구글은
외부와 협업하는 플랫폼이다

함께 작업하면 일을 효율적으로 마무리할 수 있다는 것은 누구나 안다. 특히 외부 파트너와 함께 협업하면 커뮤니케이션에 필요한 시간을 획기적으로 줄이고, 일의 질도 높일 수 있다. 하지만 현실에서는 외부와의 협업이 잘 작동하지 않는다. 그 이유를 살펴보면 **첫째, 내가 일하는 과정을 남에게 보여주고 싶어하지 않는 성향이 협업을 가로막는다.** 대부분의 사람들은 스스로 완성됐다고 생각하는 작업 결과물을 다른 사람에게 보여주려고 한다. 특히 '갑'의 입장에 선 직장인들은 '을'의 입장인 외부 파트너와 초기 기획단계의 거친 정보를 공유해서 함께 만들려고 하지 않는다. **두번째 협업 방해요인은 내 정보가 밖으로 새어나갈 것을 우려하는 보안의식이다.** 특히 외부 파트너와 협업할 때 회사 내부정보를 공유하면 회사 정보가 유출된다고 생각해서 온라인에서 협업을 진행하는 것을 꺼린다.

다음 사례는 '갑'의 입장에서 마음에 꺼림칙한 불안 요소를 스스로 극복하고 '을' 입장인 외부 파트너와 함께 온라인 실시간 협업을 진행한 경험담이다. 제로베이스에서 함께 초기 기획문서를 만들고, 수시로 최신 상황을 업데이트하면서 기획 문서 자체를 만들면 어떤 긍정 효과가 발휘되는지 생생하게 알 수 있다.

협업은 A부터 Z까지 모두 공유할 때 가능하다

홍원준, 지식사업팀장

2011년 KOTRA 투자협력팀과 녹색 분야 국내외 투자가, 기업 등을 한데 모아서 녹색 투자 이슈를 다루는 국제 행사를 치렀다. 녹색기술과 투자에 대해 전 세계 투자자들이 한국에 모여 논의하고, 한국의 기업들과 상담을 갖는 국제 행사였다. 행사의 핵심은 전 세계 KOTRA 무역관을 통해 섭외한 투자자들과 한국의 녹색 관련 기업들과 행사장에서 미팅을 갖도록 하는 일이었다.

문제는 행사를 코앞에 둔 날짜까지 투자가와 한국 참가 기업 명단이 확정되지 않는 점이었다. 행사 초청 대상자들은 모두 세계에서 가장 바쁜 직업군에 속한 사람들이다. 참석하겠다고 한 사람이 갑자기 빠지거나, 새로운 사람이 추가되는 등 참석 명단이 수시로 변했다. 이런 사정 때문에 행사를 준비하는 사람들은 행사 전 1~2주는 스프레드시트로 만든 명단을 보면서 초청대상과 전화를 하느라 밤을 새곤 했다.

나는 국제 행사 파트너로서 이런 모습을 지켜보다가, KOTRA 측 총괄 책임자에게 [구글 문서도구]를 활용하는 방안을 제안했다. 초청 대상자와 접촉현황을 담은 한 개의 문서를 온라인에 만들어 업데이트 상황을 이 문서에 함께 반영하면, 진행상황을 한눈에 알 수 있다고 설명했다. 물론 KOTRA 해외 무역관에서 직접 이 문서에 접속해 섭외현황을 공유할 수 있다는 설명도 덧붙였다. 나의 이런 제안에 초청대상 섭외업무에 찌든 담당자들의 얼굴이 갑자기 환하게 변했다.

이후 전 세계 곳곳에 퍼져 있는 KOTRA 담당자들이 [문서도구]라는 플랫폼을 통해 실시간으로 변경사항을 작성하고 변경된 사항들을 바로 확인하면서 섭외업무를 진행했다. 행사진행을 맡은 대행사 직원들도 같은 문서에 접속해서 프로그램을 다듬어 나갔다. 그 결과 이전 방식에 투입됐던 커뮤니케이션 시간이 획기적으로 줄어들었고 행사 담당자들은 새로운 방식의 위력에 놀라움을 표시했다. '왜 이런 방식을 진작에 몰랐을까' 하는 표정을 지으면서 파트너인 나에게 고마움을 전했다. 그 이후 KOTRA 다른 부서들도 온라인 실시간 협업 방식을 도입하기 시작했다. 일부 직원은 동창 모임 신청을 [구글 양식]으로 만들어 이메일로 종합하는 등 개인 생활에 온라인 협업도구를 적용하기도 했다.

이처럼 여러 사람이 관련 일을 함께 처리하는 데 온라인 협업 방식을 도입하면 업무 프로세스를 획기적으로 개선할 수 있다. 특히 외부업체와 파트너를 이뤄 마케팅, 이벤트, 컨퍼런스, 전시회 등을 진행할 때 모든 일을 파트너와 처음부터 온라인에서 함께 진행할 것을 권한다.

일을 할 때 가장 시간이 많이 소요되고 어려운 부분이 커뮤니케이션이다. 예를 들어 전시회를 준비하는 과정에서 상사로부터 행사 홍보를 위해 육교 현판을 검토해보라는 지시를 받았다. 지시사항은 간단하지만 이를 실행하려면 챙길 것이 한두 가지가 아니다. 이를테면 비용, 관련 업체 등 관련 정보를 수집해야 하고, 홍보문구를 결정해야 하는데 관련자들이 PC 오피스로 문서를 만들고 이메일로 주고받는 방식으로 의논하려면 수십 시간을 더 써야 한다. 나는 'OOO 전시회_홍보기획_육교홍보_20121203'이라는 제목만 단 문서를 만들어 파트너사 담당 직원들을 초대하고, 관련 정보를 수집할 것을 요청했다. 또 보고라인도 초대하여 진행사항을 실시간으로 모니터할 수 있도록 하고 애매한 사항을 메모를 통해 상사에게 질문하면서 진행했다.

이와 같이 파트너와의 온라인 협업 원칙은 행사에 필요한 모든 자료를 실시간으로 온라인 공유하면서 함께 업데이트하는 것이다. 혹시나 내용을 작성하다가 삭제해도 걱정할 필요가 없다. '업데이트 기록 보기' 기능을 통해 시간대별로 수정 내용을 모두 볼 수 있고, 이전 내용을 되돌릴 수도 있다.

전시회 또는 컨퍼런스를 기준으로 외부 파트너와 함께 일을 진행하는 데 필요한 요소를 종합적으로 소개하면 다음과 같다.

[표] [구글 앱스]로 행사준비하기

구분	업무	구글 앱스 활용	팁
기획	기본계획안 작성	구글 문서도구	행사관련 기획안을 만들어 관련자들과 공유해 의견을 나누면 금방 업데이트가 된다.
	강연자 섭외	구글 문서도구	관련자들이 직접 강연자 섭외 시 관련 내용을 다른 이름으로 다운로드해 간단수정한 다음 보내면 된다.
영업	후원 대상기업 정리 및 요청하기	구글 문서도구	대상기업/기관들을 리스트업하고, 연락 및 진행 사항들을 반영해 관련자들이 파악하기 수월하다.
	참여 요청 공문	구글 문서도구	참가안내 공문처럼 활용이 많은 문서는 공통문서를 만들어 관련자들이 사본 만들기를 통해 바로바로 작성해서 활용할 수 있도록 한다.
홍보	행사 홈페이지 제작	구글 사이트 도구	기본적인 메뉴로 내용을 구성하고, 프로그램 및 강사소개 등 변경이 되는 내용들은 직접 문서를 삽입하면 수정되는 내용들이 실시간 반영된다.
	참가자 등록받기	구글 양식	등록받을 양식을 작성하고, 유료인 경우 결제 바로가기 링크를 연결한다.
	행사내용 홍보하기	구글 문서도구	공개용 문서를 웹에 게시기능을 이용하여 홍보 메일을 발송한다.
운영	행사예산안 작성	구글 스프레드시트	수시로 바뀌는 비용들은 수정하여 실시간 비용 변화를 파악할 수 있다.
	행사준비사항 체크 및 진행	구글 문서도구	각 사항별 준비사항 및 연락처 등을 정리하여 관련자들에게 공유하면 각자 편할 때 보고 체크할 수 있다.
	행사자료 정리하기	구글 사이트 도구 슬라이드쉐어 비메오	발표자료들은 강연자 동의를 거쳐 슬라이드쉐어(http://www.slideshare.net)에 업로드한 후 구글사이트에 반영하면 보기 쉽다. 동영상은 유튜브(http://www.youtube.com) 또는 비메오(http://vimeo.com)를 활용하면 된다.
	결과 정리하기	구글 문서도구 구글 피카사	행사관련 사진들은 피카사에 업로드하여 공유하면 보관하기 쉽고, 활용하기 편리하다.
	설문조사	구글 양식	참관객들 대상으로 설문조사를 할 경우 원하는 항목을 작성하여 메일을 보내면 바로바로 응답 현황을 파악할 수 있다.

조선비즈에서 전면적으로 파트너와의 협업에 [구글 앱스]를 적용하자, 구글을 처음 접한 파트너사 직원들은 크게 당황했다. 기존에 MS오피스에 포함된 파워포인트, 엑셀, 워드에 익숙했기 때문에 생소한 [구글 앱스]와 같은 웹오피스에 불편을 호소하기도 했다. 하지만 한두 차례 [구글 앱스]를 통해 함께 자료를 만들고 업데이트하면서 파트너들도 공유와 협업에 매력을 느끼기 시작했다. 직장인들이 경영진의 까다로운 주문과 변덕에 대처하는 데 [구글 앱스]가 위력을 발휘했듯이, 파트너 입장에서도 '갑'의 변덕에 효과적으로 대처할 수 있는 최고의 수단으로 [구글 앱스]가 작동했기 때문이다.

오류나 누수 없이 협업하기

1. 파트너들과 [구글 앱스]에 대해 이야기하지 말고, 일에 대해 진지한 이야기를 나누자

누구나 자기가 맡은 일들을 빨리 끝내고 싶어한다. 하지만 협업할 때는 상대방의 피드백, 상사의 결정 등이 가장 큰 요소다. 상대방과 커뮤니케이션하는 시간과 방법만 간단해지면 일하면서 발생하는 스트레스가 획기적으로 줄어든다. 일에 대해 어려운 사항을 이야기하다 보면 금세 친해질 것이다.

2. 초기에 짬을 내서 해준 친절한 설명이 바쁠 때 그 위력을 발휘한다

전체 기능은 필요 없다. 꼭 필요한 기능만 옆에서 찬찬히 가르쳐주면 금방 익힐 수 있다. 나도 처음에 힘들었고, 헤맸다는 이야기는 매우 큰 위로이자 동기부여가 된다. 다만 새로운 솔루션을 익힌다는 것은 상당한 스트레스다. [문서도구]의 장점과 예전 사례들을 이야기해주며 독려하자. 빨리 퇴근할 수 있는 방법이라면 누구나 배우고 싶어할 것이다.

3. 각자의 소감들을 나누면 점점 활용도가 진화한다

프로젝트가 끝나면 반드시 정리미팅을 해보자. [문서도구]의 유용한 기능들에 대해 이야기하다보면 서로가 몰랐던 기능과 필요성들을 더 확실히 알게 된다. 누구든지 곧 '익숙해지면 별거 아니구나, 생각보다 편리하네' 하는 생각에 다다른다.

4장

구글을 통한 교육은
협업을 이끌어낸다

To Be World's Best Googler

교육
구글 문서도구는 글쓰기 교육 플랫폼이다

직장인이 신입사원 또는 경력사원을 배정받아 교육 담당자가 됐을 때 교육에 대한 부담을 줄일 수 있는 방안은 스스로 학습하도록 하고, 또 교육생들끼리 수평적으로 지식과 인사이트를 공유하도록 하는 것이다. 이른바 자기주도학습과 수평적인 협업학습은 동전의 앞뒷면을 이룬다.

스스로 학습동기를 부여하고 스스로 공부하는 것은 분명히 교육효과가 크다. 하지만 자기주도학습은 동료들과 함께 호흡하지 않으면 금방 지치고 중도에 포기할 가능성이 높은 것이 단점이다. 자기주도학습의 단점을 보완하면서 효과를 극대화할 수 있는 방안이 바로 협업학습이다. 즉, 동료들이 서로 강사가 되어 동료를 도와주면서 지식을 함께 습득해나가는 것이다. 학습리더가 방향을 잘 정해주고, 협업학습 가이드를 합리적으로 잘 만들어주면 협업학습은 자기주도학습을 이끌어내고 효과를 극대화할 수 있는 교육방법이다.

조선비즈는 신입 및 경력사원이 입사하면, 기초 직무교육을 실시하는데 [구글 문서도구]를 교육 플랫폼으로 이용하고 있다. 특히 직무교육 분야 중에서 기획문서 작성과 홍보마케팅 문서 작성에 수평학습 방법을 적용해 동료들끼리 서로 수정하고 멘토의 도움을 받도록 하고 있다.

협업방식으로 글쓰기 교육을 실시하면서 이런 방식이 이른바 '협업 DNA'를 체득하기 위한 훈련에 가장 유용한 수단임을 발견했다. 협업 DNA란 직장인들이 모든 일을 대할 때 처음부터 여러 사람이 함께하는 것을 가정하는 것이다. 그러면 일을 어떻게 작은 단위로 쪼갤지, 누구로부터 도움을 받을지, 여러 사람이 참여한 일을 어떻게 합쳐서 조화롭게 만들지를 생각하면서 일을 한다. 직장인이 협업 DNA를 갖는 순간 지구촌에서 어떤 누구도 부럽지 않은 마음부자로 변신할 것이다.

분업 마인드를 버려야 진정한 협업이 가능하다

류현정, 증권부 시장팀장

사무직 근로자, 좀더 거창하게 말하면 지식 근로자는 글 쓰는 일이 업무의 핵심 중 하나다. 자기소개서를 비롯해 기획 문서, 보고 문서, 홍보마케팅용 문서 등을 얼마나 잘 작성하느냐에 따라 성과와 평가가 달라진다. 글쓰기는 어휘력과 논리적 구성 능력, 문장력 등이 중요하다. 이는 개인별 편차가 심한 분야이고 교육 효과를 얻으려면 시간도 오래 걸린다. 조선비즈에서는 협업학습 방법론을 적용해 사내 직원들의 글쓰기 능력 함양을 시도했다.

글쓰기 교육은 교육 대상자가 자기소개서를 작성하는 것부터 시작한다. 입사자들은 마인드맵 기법으로 자기소개서 뼈대를 먼저 만든다. 이어 [구글 문서도구]의 '문서'를 이용해 글의 뼈대에 살을 붙이는 방식으로 자기소개서 초안을 만든다. 자기소개서는 회사 웹사이트 내 사원 소개 페이지에 게재하는 등 여러 사안에 기초 콘텐츠로 활용된다. 두번째 단계에서 입사 동료와 회사 내 글쓰기 멘토들과 자기소개서 초안을 공유한다. 이 자료에 초대를 받은 사람들은 자유롭게 해당 자료에 접속해 첨삭을 할 수 있다. 입사 동료들의 역할은 글쓰기 기초 가이드에 따라 오탈자를 잡아주고, 글을 구성하는 데 모자라는 점을 잡아주는 것이다. 또 문법 오류를 지적하는 역할을 한다. 예를 들어 주어가 빠진 문장에 주어를 넣거나, 복잡한 복문을 단문으로 구분하는 작업을 하도록 한다. 또 논리적으로 모순되거나 비약이 심한 문장에 의문을 메모 형식으로 제기하도록 한다. 글쓰기 멘토단의 역할은 글 전체 구성을 잡아주고, 글을 구성하는 데 필요한 소재(수치, 사례, 배경설명) 중에서 무엇이 부족한지를 지적해주는 역할을 한다. 경우에 따라 글의 핵심주제를 바로잡아주기도 한다.

이처럼 콘텐츠를 온라인상에서 서로 지적하고 고쳐주는 것을 '협업 데스킹'이라고 정의할 수 있다. 데스킹은 언론계에서 고참기자들이 현장기자가 쓴 기사 원고를 온라인에서 보고 문장을 바로 잡아주거나, 부족한 팩트를 보충하도록 이끄는 것을 말한다. 경우에 따라 기사 전체 방향을 잡아주기도 한다. 언론계의 관행인 데스킹은 상하 관계에서 이뤄지기 때문에 '상명하복' 성향을 띤다. 이에 비해 협업 데스킹은 상호 호혜적인 관계에 의해 진행되므로 '상부상조' 성향을 띤다. 협업 데스킹의 원리가 작동하는 대표적인 사례가 위키피디아 편집 과정이다. 위키피디아 개별 항목은 여러 사람이 함께 글을 수정하고 새로운 팩트를 보태어 함께 꾸며진다. 이는 여러 사람이 함께 물을 주고 잡초를 제거하면서 꽃밭을 가꾸는 과정과 유사하다.

협업 데스킹은 나아가 '협업학습'의 구체적인 방법론으로 작동한다.

첫째, 교육생들은 동료 간 협업 데스킹을 통해 기초적인 지식을 스스로 **빠른 시간 안에 학습할 수 있다.** 남의 잘못을 지적하면서 자신의 잘못을 깨닫고, 그런 과정을 통해 익힌 지식은 자신의 몸에 착 달라붙듯이 익혀지기 때문이다. 실제로 교육 현장에서 협업 데스킹에 적극적인 교육생은 빨리 성장했다.

둘째, 교육생들은 멘토들의 협업 데스킹 참여를 통해 멘토들이 지니고 **있는 노하우 등 눈에 보이지 않는 지식을 몸으로 직접 체험할 수 있다.** 지식은 글을 통해 익히는 것보다 직접 체험을 통해 더 잘 익힐 수 있는데, 멘토들의 데스킹 과정을 보면 자연스럽게 멘토들의 지식과 경험을 느낄 수 있다.

셋째, 협업 데스킹은 교육과정을 기록할 뿐 아니라 교육 성취도를 공정 **하게 평가할 수 있다.** 특히 [문서도구]의 '업데이트 기록 보기' 기능은 누가 무엇을 어떻게 수정했는지 알 수 있도록 모든 수정정보를 시간별로 모

[구글 문서도구]에서 메모 기능 등을 이용해 협업하는 모습. 현재 누가 어떤 부분을 수정 중인지 실시간으로 알 수 있다.

아놓았다. 이런 '업데이트 기록 보기' 기능은 교육생들을 평가할 때 유용하다. 누가 동료들을 고쳐주는 데 참여했고, 구체적인 참여 실적이 무엇인지를 한눈에 보여주기 때문이다. 교육생들도 자신의 참여도를 한눈에 알 수 있기 때문에 지난 과정을 정확하게 돌아볼 수 있다.

넷째, 협업 데스킹은 향후 온라인 협업에서 핵심 역할을 한다. 협업 데스킹을 업무 자료 만들기 과정에 적용해보자. 업무에서 초안을 만들고 동료들이 첨삭하도록 하고 상사가 의견을 제시하고 이에 대응하는 과정이 바로 협업 데스킹 과정과 완전히 일치한다.

협업 데스킹의 가장 큰 걸림돌은 분업 마인드이다. 교육생들에게 협업 데스킹을 하라고 하면 처음에 크게 당황하고 심리적으로 협업 데스킹에 저항을 한다. 가장 눈에 띄는 저항은 자기소개서를 초안 상태에서 공유하기를 꺼리는 경향이다. 이런 점 때문에 자기소개서 완성도를 높이려고 혼자서 끙끙대면서 공유를 미룬다. 자기가 쓰는 글을 완성하기도 전에 다른 사람이 들어와서 볼 수 있다는 부담감 때문이다. 그러나 다른 사람들의 피드백을 빠르게 받아서 자기 글의 완성도가 크게 높아지는 경험을 하게 되면서 자연스럽게 문서공유에 대한 거부감이 사라졌다.

두번째 협업 데스킹의 난관은 남의 글을 고치는 것을 꺼려하는 점이다. 글을 쓴 당사자가 상처를 받을까 하는 마음을 갖기도 하고, 자신이 지적하고 싶은 것이 과연 맞을까 하는 두려움은 다른 사람 글을 고치는 것을 소극적으로 만든다. 이와 같은 협업 데스킹에 대한 심리적 저항은 협업효과를 반복적으로 체험하면서 극복된다. 예를 들어 자기소개서를 협업 데스킹 방식으로 진행하면, 짧은 시간 안에 완성도 높은 자기소개서를 만들 수 있다. 모든 일을 할 때 동료들과 멘토들을 믿기 시작하면, 혼자가 아니라 함께한다는 믿음 때문에 불안감과 초조함이 사라진다. 사람들은 일의 범위가 명확하거나, 혼자 책임이 아니라고 생각할 때 마음의 여유를 갖고 일할 마음을 갖는다.

이처럼 수평적 협업 데스킹을 체험하고 또 구체적인 작동원리를 익히는 과정에서 자신의 몸속에 새로 형성되는 것이 바로 '협업 DNA'다. 협업 DNA를 자신의 몸에 장착하면 모든 일을 협업 관점에서 바라보고 실천하려는 경향성을 갖는다. 지식을 배울 때도 서로 수평적으로 연결되어 배우려고 하고, 지식을 만들 때도 서로 수평적으로 연결되어 지식을 만들려고 한다. 분업 마인드를 지닌 동료를 만나면, 협업이 가능하도록 일을 쪼개어 나눠주고, 각자 한 일을 서로 붙여 합치고, 전체적으로 빈틈이나 중복을 찾아서 조화를 이루도록 하려고 애쓴다. 직장인들에게 협업 DNA는 자신의 일을 일과중에 깔끔하게 처리할 수 있는 핵심 무기이자, 평생 일과 삶의 조화를 위해 언제든지 써먹을 수 있는 자산이다.

협업으로 글쓰기 교육 성공시키기

1. 멘토단을 만들어라

글쓰기 교육 멘토단을 만들면 좋다. 멘토단은 업무에 맞는 글쓰기 노하우를 가진 사람, 또 비슷한 능력을 가진 동료들로 구성하면 제격이다. 노하우를 가진 사람은 길잡이 역할을 해주고 비슷한 능력을 가진 동료들은 서로 글을 고치면서 실력을 크게 키울 수 있다. 나중엔 길라잡이가 없어도 동료들끼리 고치며 노하우를 터득해나가게 된다.

2. 초안 상태에서 바로 공유하라

아무리 강조해도 지나치지 않는 원칙이다. 초안 상태에서 바로 공유하는 습관을 몸에 익히기 시작하면 다른 사람의 도움을 받으면서 성장할 수 있다.

3. 자신이 쓴 글이 첨삭되는 것을 달가워하라

자신이 쓴 글을 제3자가 고치는 것을 보면 처음에 얼굴이 화끈거리거나 화가 날 것이다. 화가 나는 경우는 나의 고민과 개성을 모른 채 교과서

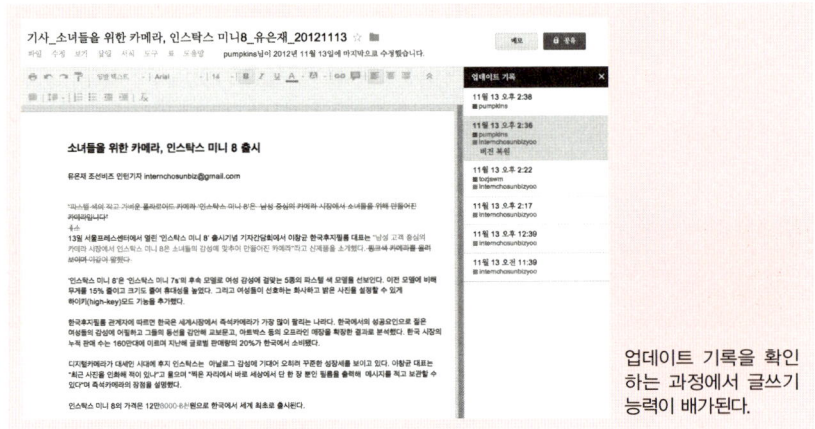

업데이트 기록을 확인
하는 과정에서 글쓰기
능력이 배가된다.

적으로 수정을 했다고 느낄 때다. 하지만 시간이 지나면, 제3자가 느끼지 못하는 나의 주관은 그야말로 내 생각일 뿐이라는 생각을 하게 된다. 어떤 콘텐츠든지 남에게 전달하기 위한 것이므로 3자가 명확하게 내 의도를 알 수 있게 써야 한다.

4. 상대방의 글을 과감히 수정하라

남의 글을 고치는 과정에서 제 글 실력이 늘어난다. 남의 결점을 보면서 내 얼굴이 화끈거리는 경험을 통해 내 잘못을 객관적으로 깨달을 수 있다. 남의 결점을 지적하기 위해서는 내가 한 번 생각하고 한 번 더 근거를 찾아봐야 한다. 그런 과정에서 지식에 내 몸에 착 달라붙어서 진짜 내 지식이 된다. 상대방의 글을 고치고 코멘트를 달아서 고친 이유와 근거를 제시해서 상대방을 설득시켜야 한다.

[문서도구]를 통한 글쓰기 교육은 가르치며 배우는 교학상장教學相長이

라는 말이 꼭 들어맞는다.

5. 업데이트 기록을 수시로 확인하라

눈으로 글을 보면 미세한 부분에서 수정된 것을 발견 못할 수 있다. 업데이트 기록을 보면서 글자 하나, 점 하나가 수정된 것을 확인하면, 나의 실수를 객관적으로 알 수 있다. 그렇게 얻은 것을 다음 글을 쓸 때 적용함으로써 실수를 반복하는 것을 방지할 수 있다.

To Be World's Best Googler

교육
구글 문서도구는
협업 콘텐츠 생산도구다

　　직장에서 맡은 일이 생산직이 아니라면 직장 일의 핵심은 문자로 된 각종 콘텐츠를 만드는 것이다. 문자 중심 콘텐츠 중에서 여러 팀이나 부서에 걸친 콘텐츠를 만드는 일을 맡으면 머리가 아프다. 만들 때 여러 부서의 협조를 얻고 또 일일이 팩트를 확인해야 한다. 또 수시로 변경상황을 확인해서 콘텐츠를 업데이트시키는 부담도 따른다. 만약 이런 콘텐츠가 외부용 브로슈어나 웹사이트에 게재되는 것이라면 그 부담은 몇 배로 증가한다.

　　조선비즈는 회사 소개에서부터 홍보 마케팅에 이르기까지 회사 공통 콘텐츠를 처음부터 온라인에 기초 틀을 생성하여 여러 부서 사람들이 함께 협업하는 방식을 채택해서 실시하고 있다. 이런 작업을 하기 위해서는 협업 프로젝트를 기획하고 조율하는 리더를 필요로 한다. 또 가장 기초적인 콘텐츠 자료를 모으는 손발을 필요로 한다. 이어 각자 담당한 영역별로 참여가 이뤄져야 한다.

조선비즈는 이런 방식으로 회사소개서, 제품소개서, 전시 및 콘퍼런스 소개서, 소속원 앨범 등을 만들어 유지 보수하고 있다. 또 업무 매뉴얼 등 새로운 회사 공통 콘텐츠를 만들 필요가 있을 경우 즉시 협업 프레임을 만들어 진행시킨다. 심지어 전 사원들이 참여하여 단행본을 만들어 판매하기도 했다. 조선비즈는 2010년 『인사이트 지식사전』이라는 책을 온라인 협업방식으로 만들었다. 협업 참여자는 경력기자와 인턴기자 등 50여 명에 이르렀다.

공유는 협업의 시작이자 끝이다
류현정, 증권부 시장팀장

대기업 연구개발(R&D)팀과 전문지 기자로 일했던 나는 2010년 조선비즈 기획 업무와 연구 업무를 겸임하고 있는 연구소(연결지성센터)에 팀장으로 합류했다. 3년이 지난 지금, 나는 확신을 갖고 말할 수 있다. 디지털과 클라우드가 만들어낸 마법이 없었다면, 지금 주마등처럼 스쳐가는 수많은 일들을 해낼 수 없었을 것이다. 디지털과 클라우드 기술을 이해하는 동료들이 늘수록 마법의 효과는 배가됐다.

조선비즈 연구소 소속 직원들은 소수정예라는 말 그대로 작지만 강했다. 회사 창립기념식부터 크고 작은 콘퍼런스와 포럼, 자료조사 업무와 자료집 및 단행본 발간까지 우리들의 손을 거쳐 완성해나갔다. 더구나 나는 난생 처음으로 팀장이라는 직함을 맡았는데, 업무를 한눈에 파악하고 다른 팀으로부터 도움을 얻어 일을 조율하는 데도 이 마법이 큰 도움이 됐다.

좀더 구체적인 사례를 소개한다.

조선비즈가 회사 창립식을 코앞에 앞둔 지난 2010년 5월이었다. 여러 가지 일로 눈코 뜰 새 없이 바빴지만, 회사 현황과 비전을 담은 제대로 된 회사소개서를 만드는 것이 중요한 업무였다.

회사소개서는 기업의 얼굴이자 영업, 마케팅으로 이어지는 핵심 콘텐츠다. 상품을 팔 때, 다른 회사와 제휴를 맺을 때, 공공기관에 중요한 서류를 내야 할 때 반드시 첨부해야 한다. 이처럼 중요한 회사소개서는 의외로 작성하기 까다로운 콘텐츠였다. 회사를 제대로 소개하려면 연혁과 경영진, 조직도, 주요 업무와 상품, 향후 로드맵을 훤히 꿰고 있어야 하는데 말처럼 쉬운 일은 아니다. 경영진이면서 상품 기획자이면서 동시에 개발자 혹은 기술자가 돼야 회사소개서 가닥을 잡을 수 있다. 매년 또는 분기마다 중요한 행사가 있을 때 최신 상황을 파악해 업데이트해놓는 일도 만만치 않다. 소개서 항목에 맞는 사진을 잘 찾아서 배치해놓는 것도 보이지 않는 수고가 필요한 작업이었다.

이를 해결한 것도 '원 도큐먼트' 공유 전략이었다. 창립식을 맡은 경영지원본부 경영지원부장이 우선 '조선비즈 회사소개서'라는 문서를 만들었다. 그런 다음에 문서 제목에는 문서를 생성한 날짜도 병기했다. 언제 생성한 문서라는 것을 정확하게 표시해두면 회사소개서가 어느 연도 버전인지 알 수 있고, 나중에 문서를 찾을 때 날짜가 단서가 되는 경우도 많기 때문이다. 그런 다음 경영지원부장은 이 문서에 '회사 소개' '회사 연혁' '회사 조직 및 사람들' '회사 현황' 등 주요 항목만 만들어 경영진, 각 본부장, 연구소 팀장, 사업 팀장 등에게 공유했다. 각 본부는 본부 주요 업무를 소개했고, 사업 팀장은 회사 실적들을 적어내려갔다.

나는 연구소 부문을 맡아 회사 비전과 지식 네트워킹 사업 및 미디어 개발 업무 등을 상세히 작성했다. 각 사업 내용을 가장 잘 아는 팀장들이 작성하니, 주요한 업무 및 사실 관계를 쉽게 확인해 정확하고 효율적으로 소개서를 작성할 수 있었다. 필요한 이미지는 회사에서 공유한 [구글 피카사 웹앨범]에서 찾아 적절히 활용할 수 있었다. 또 회사 경영진은 소개서 작성 과정을 실시간으로 확인하면서 회사 전략을 제대로 표현하고 있는지 검토하고 조언을 해줬다. 이렇게 정리한 문서는 대외적으로 강조할 것은 크게 강조하고 불필요한 것은 빼내는 압축 과정과 보다 쉬운 언어로 정리하는 다듬기 과정을 거치면서 완성도를 더했다. 조선비즈가 매년 기념식에서 사용하는 회사소개서는 이렇게 만들어진다.

또다른 사례도 소개한다. 이번에는 내가 협업리더로 참여한 프로젝트다. 조선비즈는 2010년 6월 11일 『인사이트 지식사전』이라는 단행본을 출간했다. 책 발간 작업은 연구소에서 맡았다. 이 책은 위클리비즈와 파이낸셜타임스 등 고급 경영경제지에서 세계 경제현상과 경영이슈를 관통하는 주요 화두들을 찾아내고 이를 키워드별로 정리한 책이다. 세계 금융위기 이후 예측 불허의 경제흐름을 설명하는 '뉴 노멀'에서부터 '소셜미디어'가 만들어내는 글로벌 차원의 변화까지 다루고 있다. 책 출간 작업은 위클리비즈 독서 클럽진과 경력기자, 인턴기자 등 50여 명이 공동으로 참여한 방대한 작업이었다.

나는 키워드 꼭지를 일부 맡아 상세 내용을 정리하는 한편, 전체 작업을 지휘하는 일도 했다. 출간에 참여한 사람들의 관심 분야를 고려해 협업자들이 맡아야 할 꼭지를 나눠줬고 또 출판사와 출간 일정을 조율해 1차 원고 마감, 2차 원고 마감, 추가 원고, 교열 교정 등 각 마감시간을 정했다. 또 원고 작성 가이드를 만들어 문체와 형식이 통일감을 가질 수 있도록 했다. 원고 작성 가이드는 협업자들과 출판편집자와 토론을 해서 결정했다.

『인사이트 지식사전』을 만드는 첫 단계도 문서공유였다. 위클리비즈 독서클럽과 공동으로 선정한 키워드별로 '구글 문서'를 만들었다. 예를 들어, '인사이트_키워드_뉴노멀' '인사이트_키워드_애플쇼크' 등으로 만든 문서를 만들었다. 문서는 대략 100개에 달했는데, 이들을 기자 50명과 공유했다. 출판사 기획자와도 공유했다. 기자들은 키워드별로 2~3개씩 꼭지를 맡아 정리했다. 각 키워드에 대한 정의는 물론 그에 대한 전문가들의 분석 및 전망도 담았다.

다른 사람이 맡은 꼭지라도 필요한 자료를 발견하면, 문서를 서로 공유했기 때문에 보태주기가 쉬웠다. 또 다른 사람이 작성해나가는 원고를 보며 조언을 해주기도 했다. 원고를 완성하는 과정에서 유용하게 써먹은 것이 앞서 언급한 [구글 문서도구]의 링크 기능, 메모 기능, 이미지 삽입 기능이다. 인터넷에서 찾은 자료이고 나중에 써먹을 가능성이 크다면 링크로 정리해뒀다. 또 메모 기능을 활용해 '이 부분은 팩트(사실 관계) 확인이 필요하다' '여기서부터 서술은 OOO 씨가 해주세요' 등 서로 댓글을 남기며 콘텐츠를 다듬어나갔다. 집필 후반부에 속도가 잘 붙었던 것도 문서를 공유했기 때문이었다. 원고 작업이 끝난 후에는 서로 오탈자를 잡는 공동 교정 작업을 거쳤고, 출판사 기획자는 공동 교정이 끝난 문서부터 순차적으로 윤문 작업에 들어갔다.

기존에도 공저 형태로 책을 몇 번 내봤지만, 문서공유 후 저술 작업이 속도와 효율성 면에서 훨씬 좋았다. 기존에 원고를 아래아한글 파일로 만들어 이메일로 전달하고, 출판사에서 윤문하고, 저자가 이를 다시 확인하는 과정에 비해 복잡도는 낮아지고 실수는 줄어 생산성이 훨씬 높았다.

구글이라는 클라우드 플랫폼 덕분에 50여 명이 넘는 공동 작업자가 협력하며 완성도 높은 콘텐츠를 만들 수 있었고 『인사이트 지식사전』은 연구소를 대표하며 지금도 꾸준히 팔리는 스테디셀러가 됐다.

협업으로 질 높은 콘텐츠 생산하기

1. 협업리더를 지정하라

콘텐츠 협업 생산을 총괄하고 조율하는 사람이 필요하다. 그런 사람을 우리는 협업리더라고 부른다. 협업리더는 해당 프로젝트를 가장 잘 아는 사람이 맡으면 좋다.

『구잘직』 저술 작업도 구글의 문서 공유를 통해 만들어졌다. 위와 같이 각 장과 절별로 문서를 따로 만들어 공유해 협업으로 콘텐츠를 생산하면 편리하다.

2. 협업리더가 '구글 문서'를 만들어 협업자들에게 공유하라

기밀문서라면 공유 범위를 한정적으로 잡아야 할 것이다. 그렇지 않다면 단순히 조언해줄 수 있는 사람까지도 폭넓게 공유하면 좋다. 많은 사람과 공유하면 할수록 콘텐츠 질은 높아진다. 다른 사람으로부터 의외의 정보나 문제해결을 위한 통찰을 얻을 수 있기 때문이다.

3. '메모' 기능, '링크' 기능, '이미지 첨부' 기능 등을 적절히 활용하며 콘텐츠 완성도를 높여라

'구글 문서'의 상단 메뉴에 '삽입'에서 찾아 쓰면 된다. 특히 콘텐츠를 공동으로 작성할 때 메모 기능을 활용하면 유용하다. 구글 문서는 기본적으로 이메일로 공유하기 때문에 메모 삽입 기능을 활용해 메시지를 남기면, 문서 공유자에게 실시간으로 전달된다.

4. 방대한 보고서를 작업할 때는 '문서 쪼개기'를 하라

예를 들어 각 장章과 절節별로 문서를 따로 만들어두면 협업으로 콘텐츠를 생산하기에 편리하다. 이 책도 각 장과 절을 별도로 나눠 작업했다.

5. 공동 교정 작업을 하라

필요한 자료를 얻기도 하고 사소한 오탈자를 잡아내는 데 유리하다. 요즘 전문작가들도 입소문 효과를 노려 단행본을 내기 전에 초고를 웹에 공개해 네티즌들로부터 피드백을 받는 경우가 많다.

To Be World's Best Googler

교육

구글 프레젠테이션은
온라인 강의실이다

외부 강연요청을 받을 때 가장 부담스러운 것은 강연자료를 마련하는 것이다. 같은 주제의 강연이라도 강연시점에 맞게 데이터를 최신 것으로 교체하는 등 내용을 상당 부분 수정해야 한다. 이때 강연자료를 마련하는 일은 핵심업무가 아니기 때문에 일을 하다가 깜빡하는 경우가 많다. 따라서 강연자료의 경우 자투리 시간을 이용해서 마련하는 것이 가장 효율적이다. 하지만 회사에서 벗어나 자투리 시간이 날 때 이전에 만들었던 강의자료에 접근하기가 쉽지 않다. 대부분 회사의 PC나 USB드라이브에 보관돼 있기 때문이다. 또 성가신 일 중의 하나는 강연을 부탁한 곳에 강연자료를 미리 전달하는 일이다. 가급적 완벽하게 수정한 자료를 주고 싶은데, 대부분 강연자료 인쇄 때문에 강연일자보다 상당기간 빨리 자료를 요청하곤 한다.

강연자료와 관련된 부담은 강연자료를 PC에 깔린 오피스 프로그램으로 생산하고 또 이메일로 강연파일을 주고받는 관행과 관련된 것이다. PC용 오피스 프로그램으로 강연파일을 만들면 일단 PC 하드디스크에 저장된다. 이를 집에서 작업하려면 USB에 복사해서 담거나 웹하드에 복사본을 올려둬야 한다. 이 과정에서 원본에서 복사본이 여러 개 발생한다. 복사본은 최초 작업한 PC 이외에서 복사본을 열어 작업하는 과정에서도 발생한다. 또 강연자료를 이메일로 주고받는 과정에서도 복사본이 발생한다. 원본을 중심으로 여러 복사본이 계속 발생하면, 자료를 검색하고 재사용하는 데 불편을 초래한다. 여러 복사본 중에서 어느 것이 내가 원하는 자료인지를 한눈에 알기 어렵고, 아울러 비슷비슷한 내용 중에서 하나를 골라서 업데이트하기가 어렵다.

  PC용 오피스 프로그램으로 강연자료를 만드는 것은 다른 사람으로부터 도움을 받기도 어렵게 만든다. 도움을 받으려면 파일 복사본을 전달해 수정해달라고 요청하고, 다시 그 파일의 복사본을 받아야 하기 때문이다. 필자는 2007년 초부터 모든 교육 및 강연자료를 예외 없이 [구글 문서도구]의 '프레젠테이션'으로 만들어 지금까지 아카이빙하고 있다. 자료 파일이 [구글 앱스]의 용량을 초과할 경우 몇 개로 분할하는 방식으로 온라인화를 일관되게 추진했다.

자료의 온라인화는 자유를 가져온다

교육 및 강연자료의 100퍼센트 온라인화는 필자에게 무한한 자유와 편의성을 제공했다. 우선 필자는 USB와 웹하드에서 해방됐다. 이를테면 필자는 여느 강연자처럼 강의자료 파일을 담은 USB를 가져가지 않고 맨손으로 간다. 강연장에 비치된 노트북이 인터넷에만 연결되어 있으면 된다. 나의 모든 강의용 프레젠테이션은 온라인에 보관돼 있기 때문이다. 강의장에 도착하면 인터넷에 접속해 구글의 내 계정에서 필요한 프레젠테이션을 열어 강의한다. 강의가 끝난 다음에는 참석자 이메일을 받아, 바로 프레젠테이션 자료에 초대하여 자료를 공유해준다.

필자는 또 새로운 교육이나 강연을 맡을 때마다 자투리 시간을 이용해 수시로 자료를 업데이트함으로써 핵심업무 시간에 지장을 주지 않는다. 강연일정이 정해지면 해당 자료를 어디서든지 불러내 시점에 맞게 수정한다. 강의 시작 전에도 필요할 경우 최신자료를 찾아서 업데이트하곤 한다. 특히 자투리 시간을 이용해 집이나 커피숍에서 강의 전에 최신자료를 업데이트함으로써 시간을 효율적으로 사용한다.

강의자료의 온라인화는 다른 사람과 강연자료를 함께 활용하고 또 필요에 따라 강연자료를 함께 업데이트할 수 있는 길을 열어줬다. 2007년부터 온라인에 생성하여 업데이트해온 자료 중에서 완성도가 높은 강연자료는 동료들과 공유하고 함께 사용하도록 개방했다. 또 강연자료 제작 마감 시간이 촉박할 경우 동료들을 온라인 자료에 초빙해 필요한 자료를 업데이트해주도록 요청하기도 한다.

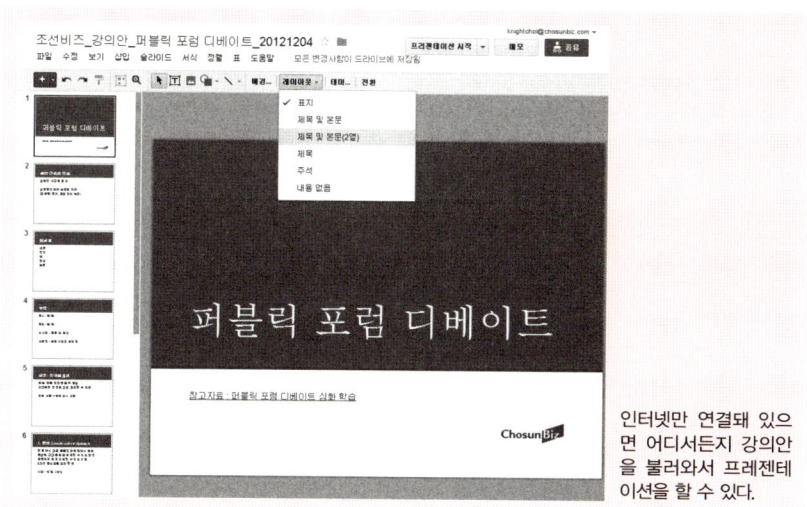

인터넷만 연결돼 있으면 어디서든지 강의안을 불러와서 프레젠테이션을 할 수 있다.

강의자료의 온라인화는 기본 자료의 재사용 가치를 크게 높여줬다. 웹 오피스로 만든 자료의 경우 온라인상 원본 하나만 존재하므로 변종이 발생하지 않는다. 따라서 새로운 주제로 강연요청이 오더라도 유사한 테마를 검색해서 그 자료를 기초로 삼아 새로운 강연자료를 쉽게 만들면 된다. 재사용의 힘이 발휘되는 것이다.

100퍼센트 강의자료 온라인화의 진정한 힘은 이른바 '눈덩어리 효과 Snow Ball effect'에서 나온다. 작은 눈덩어리를 굴리면 굴릴수록 눈덩어리가 점점 커지듯이, 2007년부터 축적한 다양한 자료들이 서로 중복되지 않고 서로 연결됨으로써 나만의 큰 지식 생태계가 서서히 완성되어 가는 것이다. 처음 몇 년 동안은 대부분의 자료들이 거칠고 어설펐다. 그러나 시간이 흐를수록 서로 유기적으로 관계를 맺으면서 각각 다듬어지고, 또 연결됨으로써 모두가 소중한 지식자산으로 성장하고 있다. 탄탄하고 깊이 있는 온라인 교육 플랫폼이 서서히 만들어지고 있는 것이다.

강의자료 100퍼센트 온라인화하기

1. 프레젠테이션에 사용할 멀티미디어 자료를 인터넷에서 구하라

프레젠테이션을 활용한 발표를 할 때 텍스트보다 사진, 그래프, 동영상 등 멀티미디어 자료를 활용하면 청중을 설득하기 쉽다. '구글 프레젠테이션'은 온라인 소프트웨어이기 때문에 필요한 멀티미디어 자료도 인터넷에서 구해 붙이기 편리하다. 동영상의 경우 '프레젠테이션' 삽입 메뉴에서 동영상을 선택해 유튜브에서 원하는 자료를 골라 바로 붙일 수 있다. 사진도 구글 이미지 검색을 통해 URL을 복사해서 삽입하면 간편하게 이미지를 본자료에 붙일 수 있다. 특히 유용한 것은 개인이나 회사에서 촬영한 사진을 [구글 피카사 웹앨범]에 올려두면, 이미지 삽입 기능을 통해 사진 앨범에서 원하는 자료를 본자료에 바로 붙일 수 있다. 이처럼 인터넷에서 멀티미디어 자료를 구해서 붙이면 인터넷에 올라온 풍부한 자료를 활용할 수 있고, 필요에 따라 다른 자료로 대체하기 편리하다.

2. 반복해서 사용하는 통계자료를 따로 프레젠테이션 자료로 모아두고 활용하라

인터넷 사용인구 증가추이, 스마트폰 사용인구 증가추이 등 기본 통계 자료는 여러 발표자료에서 공통으로 활용되는 자료들이다. 이 자료들은 또 주기적으로 업데이트해야 하는 자료이기도 하다. 이처럼 여러 분야에 자주 활용되는 통계자료는 한데 모아놓고 매월 또는 분기별로 최신 데이터로 교체하면서 관리한다. 이어 특정 시점에 발표자료를 만들 때 '프레젠테이션'의 '가져오기' 기능을 이용해서 필요한 자료를 가져와서 삽입한다.

3. USB를 절대로 사용하지 마라

외부에서 강연이나 발표를 할 때 USB에 자료를 담아가지 않아야 한다. 인터넷 연결이 끊어지는 것을 두려워해서 발표자료를 '프레젠테이션'으로 만들어놓고, 강연할 때는 그 자료를 PDF파일로 다운로드 받고 이를 USB에 담아가기 십상이다. 하지만 '프레젠테이션'을 이용하는 순간부터 USB를 잊어버려야 한다. USB를 활용하는 순간 강연이나 발표자료 변종이 발생하기 시작한다. 또 강연 직전에 실수를 발견했을 경우 수정할 수 없다.

인터넷 연결이 중단되는 사태에는 스마트폰의 테더링 기능으로 대응할 수 있다. 스마트폰 옵션에서 테더링 기능을 활성화시키면 스마트폰이 무선인터넷 중계기 기능을 한다. 강연장 노트북 무선랜 기능에서 해당 스마트폰을 선택하면 인터넷에 접속되고 '프레젠테이션'을 온라인 상태에서 작동시킬 수 있다.

3부

구글을 가장 잘 쓰는
직장인이 되기 위한 마지막 단계

―

구글 앱스 마켓플레이스는 스마트 워킹을 위한 공구상자다

To Be World's Best Googler

구글 앱스 마켓플레이스는 스마트 워킹을 위한 공구상자다

구글 앱스 마켓플레이스 활용

[구글 앱스]가 직장인들이 일을 처리하는 데 필요한 모든 솔루션을 제공하는 것은 아니다. 또 회사가 새로운 사업을 전개하면서 필요한 솔루션을 [구글 앱스]의 기본기능 세트에서 찾아서 바로 쓸 수도 없다. [구글 앱스]는 레고 블록과 같이 여러 개의 기본기능을 모듈로 만들어 모아놓은 디지털 완구 세트와 같기 때문이다.

직장에서 가장 많이 사용하는 솔루션은 고객관리 시스템CRM, 전사적 자원 관리ERP, 공급망 관리SCM 등이다. 또 업종에 따라 다양한 솔루션을 추가로 필요로 한다. 직장인 자기관리나 자기계발을 위해 저장도구, 디지털 마인드맵과 같은 보완적인 디지털 도구를 필요로 할 때도 많다. 이런

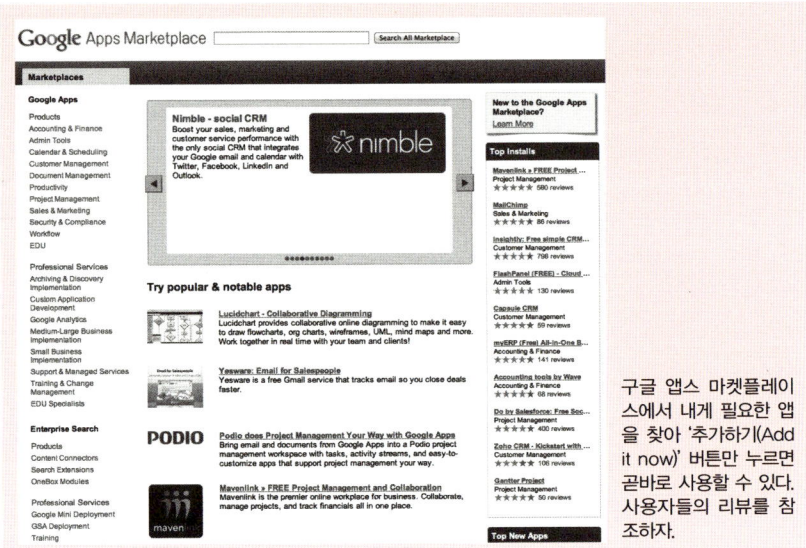

구글 앱스 마켓플레이스에서 내게 필요한 앱을 찾아 '추가하기(Add it now)' 버튼만 누르면 곧바로 사용할 수 있다. 사용자들의 리뷰를 참조하자.

솔루션을 확보하는 방법은 구글 앱스 마켓플레이스Google Apps Marketplace 등 온라인 스토어에서 구매하는 것과 자체개발하는 방법이 있다. 즉, 구글이 온라인에서 구축한 앱 장터에서 필요한 도구를 구해서 사용하거나, 구글이 제공하는 기술표준을 활용해 자체개발하는 것이다.

먼저, 구글은 구글 앱스 마켓플레이스라는 응용프로그램 유통 플랫폼을 제공하고 있는데 CRM부터 다양한 솔루션을 간편하게 온라인에서 구매해 [구글 앱스]로 구축한 회사 인트라넷에 바로 붙여서 사용할 수 있다. 스마트폰의 앱스토어에서 앱을 사듯이, 구글 앱스 마켓플레이스에서 제3자가 만든 서비스를 사용하는 것이다. 이 서비스들은 모두 사용자 계정의 메일, 연락처, 문서, 캘린더 등의 정보와 연계되어 작동한다.

구글 앱스 마켓플레이스에서는 고객관리 프로그램, 전자결재, 각종 프로젝트 관리 등 다양한 솔루션들이 널리 팔리고 있고 또 새로운 솔루션들이 속속 등장하고 있다. 마켓플레이스에서 제공하고 있는 대부분의 프로그램은 무료로 사용할 수 있다. 하지만 이 무료 프로그램들은 기본 기능만 사용하게 하는 것이 대부분이고, 제공하는 기능들을 전부 이용하고자 할 때는 유료로 전환해야 하는 경우가 많다. 조선비즈는 주소록 공유 프로그램Shared Groups, 마인드맵 협업 도구Mindmeister, 전자결재 프로그램Netkiller GoogleApps Workflow 등을 유료로 구입해서 사용하고 있다.

구글 크롬 앱스토어 활용

구글 앱스 마켓플레이스는 기업의 인트라넷에 붙여 소속원들이 모두 활용하는 기업용 솔루션 장터다. 크롬 앱스토어는 이에 비해 구글 크롬 웹브라우저를 사용하는 개인이 크롬에 붙여 사용할 수 있는 각종 솔루션과 서비스를 제공한다. 구글 크롬 앱스토어는 HTML5 방식을 채택해서 웹브라우저에서 바로 이용할 수 있는 애플리케이션들을 제공한다. 게임에서부터 생산성 도구, 이미지 편집기 등 다양한 카테고리의 애플리케이션들을 스토어에서 구할 수 있다.

크롬 앱스토어에서 또 크롬 확장 애플리케이션을 구할 수 있다. 크롬 확장 프로그램은 크롬 브라우저의 상단에 아이콘을 붙여 브라우저를 사용하다가 바로 아이콘을 클릭하여 사용할 수 있는 프로그램이다. 웹브라우저를 통해 뉴스를 보면서 스크랩할 수 있는 클리핑, 웹브라우저에 표시된 모습을 이미지 파일로 저장할 수 있는 캡처 등 각종 디지털 도구를 크롬 앱스토어에서 구할 수 있다.

구글 앱스 API 활용 자체개발

기업이 원하는 솔루션을 마켓플레이스에서 구할 수 없을 때 [구글 앱스]의 오픈 API Application Program Interface를 이용해 자체적으로 개발해 사용할 수 있다. 물론 외부 업체에 개발을 맡겨 이를 해결할 수도 있다. 앞서 소개한 구글 앱스 마켓플레이스에 수많은 서비스가 존재할 수 있는 것은 구글이 공개한 수많은 구글 앱스 API 덕분이다. API란 소프트웨어를 만들 수 있는 작은 재료들이다.

구글 앱스 API를 이용하면 이용자가 구글 캘린더, 지메일, 주소록, 문서도구, 사이트도구 등에 연계된 서비스를 만들어 쓸 수 있다. 구글뿐 아니라 유튜브, 트위터, 다음, 네이버 등 많은 기업이 자사의 서비스 구성요소를 모듈화한 API를 공개하고 있다. 사용자는 이 API를 이용하여, [구글 앱스]를 기업에 적용하며 부족하게 느낄 수 있는 점을 채울 수 있다. 조선비즈는 구글 앱스 API를 이용해 직장인들이 필요로 하는 솔루션을 자체개발해 사용함으로써 외부업체에 대한 기술의존도를 크게 낮췄다.

전자결재 시스템

인터넷이 대중화된 이후 웬만한 기업들은 전자결재 시스템을 구축하여 사용하고 있다. 큰 기업은 SI^{System Integration} 회사에게 개발을 맡겨 자체 전자결재 시스템을 사용하고, 작은 규모 기업들은 ASP^{Application Service Provider} 형태로 전자결재 시스템을 빌려서 사용하고 있다.

현재 국내 전자결재 시스템은 몇 가지 문제점을 지니고 있다. 첫째, 전자결재가 대면결재의 한 부분 기능만 담당하는 점이다. 많은 기업의 직장인들은 일을 할 때 기존 오피스 도구를 갖고 서류파일을 만들고 이를 다시 인쇄한 다음 상사에게 구두보고를 한다. 그리고 상사는 펜이나 연필을 갖고 인쇄서류에 첨삭을 표기하면서 자신의 의견을 제시한다. 이런 과정이 서너 차례 이뤄지며 다시 결재 윗선으로 차례로 이동하면서 같은 과정이 반복된다. 이런 과정을 통해 결재권자의 구두승인이 떨어지면 그때 비로소 전자결재 시스템이 작동한다. 실제 오프라인에서 종이와 대면을 통해 의사결정을 모두 해놓고, 사후절차만 전자결재 시스템을 밟는 것이다.

처음부터 끝까지 전자결재 프로세스에 의해 이뤄지는 업무는 양식이 일정한 것에 한정돼 있다. 예산이나 사람 자원을 필요로 하는 일에 관한 프로세스는 오프라인에서 모두 이뤄지고 최종 결과물을 전자결재 시스템에 올리고 있다. 이런 관행은 전자결재 시스템과 문서 아카이빙 시스템을 따로 존재하게 만들 수 있다. 즉, 전자결재 시스템에 올라온 서류들은 최종 압축본으로 많은 정보를 담고 있지 않다. 종이로 작성된 각종 서류들이 실제 업무 내용을 담고 있어 제대로 된 문서 아카이빙을 하려면 종이

서류 문서를 스캐닝해 다시 저장 프로세스를 밟아야 한다.

국내 전자결재 시스템의 또다른 문제점은 기업 내외부 환경 변화에 따라 새로운 프로세스를 만들어야 할 때 SI회사나 사내 IT지원부서에 작업을 의뢰해야 하는 점이다. 이럴 경우 현업에 있는 사람이 시점에 맞게 자신이 원하는 프로세스를 만들어 사용하기 어렵다.

조선비즈처럼 사내 모든 공식·비공식 문서를 웹오피스로 작성하면, 모든 프로세스가 종이 인쇄 없이 온라인상에서 이뤄지고, 또 온라인상의 자료를 갖고 전자결재 시스템 프로세스를 밟을 수 있다. 조선비즈의 경우 구글 앱스 응용 솔루션 중에서 가장 활용도가 높은 솔루션이 전자결재 시스템이다. 조선비즈는 [구글 앱스]를 먼저 도입해 웹오피스를 비롯해 이메일, 그룹스, [구글 사이트 도구] 등을 충분히 익힌 다음에 전자결재 시스템을 구글 앱스 마켓플레이스에서 넷킬러사가 개발한 구글 앱스 전자결재 시스템을 구매하여 인트라넷에 붙여서 사용하고 있다. 이처럼 [구글 앱스]에 기업용 전문솔루션을 바로 붙이면 개발, 유지보수 등 여러 가지 면에서 효율적이다. 비용 측면에서 사용자 1인당 1년에 일정액수를 지불하는 방식으로 자체개발이나 외부업체 개발방식으로 솔루션을 만들어 사용하는 것보다 훨씬 저렴하다.

[구글 앱스]에 솔루션을 붙여 사용하는 방식의 또다른 장점은 [구글 문서도구]로 만든 자료를 그대로 전자결재에 활용하는 점이다. 예를 들어 현업 담당자가 기안용 자료를 만들 경우 전자결재 시스템을 이용하기 전에 '구글 문서'를 만들어서 관련자와 결재권자와 공유한다. 담당자는 문서 기본 뼈대를 만들고, 내부 업무 관련자들이 직접 문서에 의견을 작성

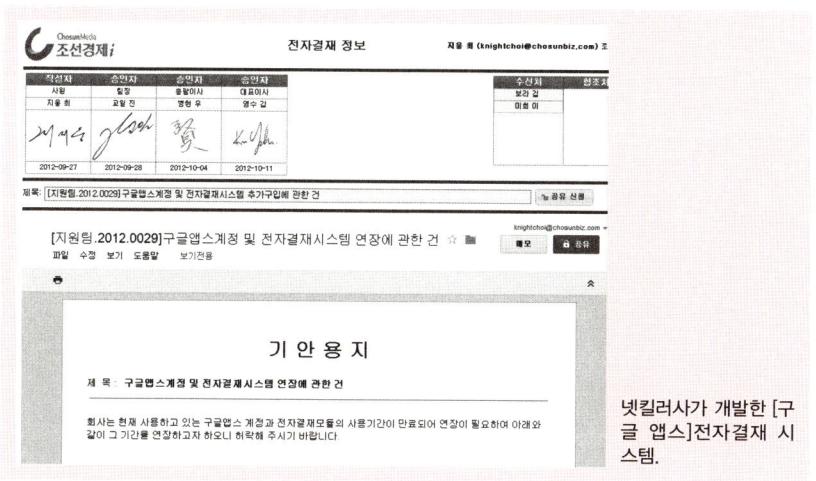

넷킬러사가 개발한 [구글 앱스]전자결재 시스템.

하도록 함으로써 기안에 필요한 내용을 사전에 조율해나간다. 결재권자도 문서에 의견을 표시하도록 하여 의중을 명확하게 파악하고 진행사항도 완전하게 공유한다.

이렇게 기안문서의 내용을 채우고 나서 중요한 의사결정들이 진행되고 나면 전자결재를 받게 되는데, 전자결재 문서 작성 시 따로 문서를 작성하는 것이 아니라 전자결재 기본 양식에 별첨하거나 이미 작성한 문서를 복사해서 붙여넣으면 전자결재 기안문서 작성이 완료된다. 결재권자들은 기획안이 사전에 공유되어 있어서 내용을 이미 인지한 상태이기 때문에 전자결재 과정은 이를 재확인하는 절차가 된다.

이런 전자결재 업무 프로세스는 회사의 의사결정과정을 크게 단축시킨다. 또 의사결정권자들이 담당자의 기안내용을 사전에 자세히 알고 있기 때문에 특별히 결재과정에서 다른 지시를 할 가능성이 확 줄어든다. 이런 점 덕분에 업무를 예측할 수 있는 가능성이 높아지고, 기안에서 의견조정, 최종 의사결정에 이르기까지 전체 업무 프로세스를 물 흐르듯이 진행할 수 있다.

디지털 마인드맵, 마인드마이스터 활용

마인드맵은 생각의 정리와 기억을 도와주고 지식체계를 한눈에 알 수 있게 해주는 도구다. 영국의 토니 부잔이 마인드맵을 처음 고안해 전 세계에 보급했고, 기업현장에서도 마인드맵 기법을 브레인스토밍 도구로 도입하여 유용하게 활용하고 있다. 마인드맵은 종이에 색연필로 직접 생각이나 지식을 그림으로써 효과를 볼 수 있다. 하지만 종이 마인드맵 기법으로 정리한 내용을 여러 사람과 공유하려면 난관이 있다. 이를테면 작성한 사람 특유의 글씨체를 알아보기 힘들 수도 있고, 내용을 자유자재로 수정하기 힘들다. 이런 점 때문에 개인 학습보다 협업에 마인드맵 기법을 활용하려는 기업현장에서는 마인드맵을 제대로 활용하기가 쉽지 않았다.

이런 기업의 요구를 수용하기 위해 종이 마인드맵 기법을 프로그램으로 구현한 디지털 마인드맵이 2000년대 초반부터 등장했었다. PC용 디지털 마인드맵은 프린팅 기능, 포맷전환 기능, 프레젠테이션 기능 등 디지털 원리를 활용한 다양한 기능을 장착해 관심을 끌었다. 하지만 PC용 디지털 마인드맵은 자료공유와 공동작업을 지원하지 않아 협업에 적용하기 원하는 기업 수요를 제대로 맞추지 못했다.

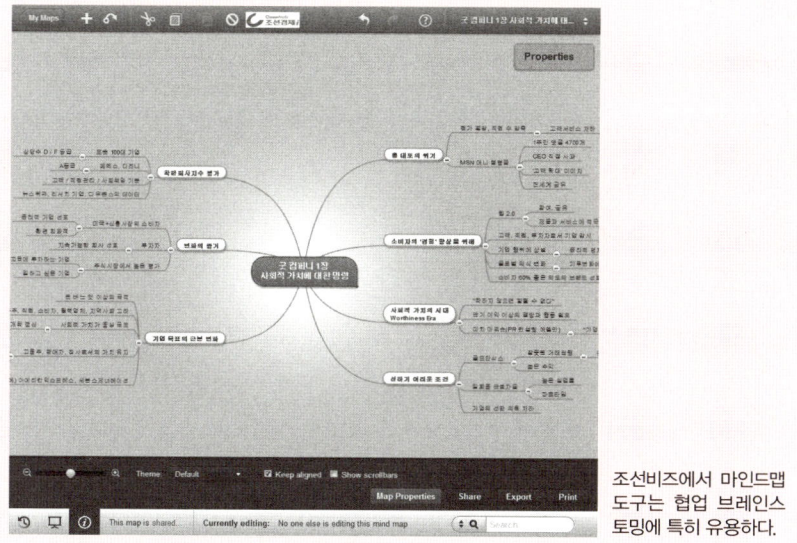

조선비즈에서 마인드맵 도구는 협업 브레인스토밍에 특히 유용하다.

　조선비즈는 구글 앱스 마켓플레이스에서 [구글 앱스]에 바로 붙여 사용할 수 있는 [마인드마이스터Mindmeister]라는 앱을 구매하여 브레인스토밍 도구로 사용하고 있다. [구글 앱스]의 하나인 [마인드마이스터]의 장점은 다음과 같다.

　첫째, [마인드마이스터] 사이트에 별도의 회원가입을 하지 않고 회사 소속원들이 [구글 앱스] 계정으로 바로 접속해 사용할 수 있다. [구글 앱스] 메뉴에 [마인드마이스터] 메뉴가 자동으로 뜨기 때문에 마우스를 클릭하여 바로 [마인드마이스터]의 전체 기능을 쓸 수 있다.

　둘째, 소속원들이 만든 매핑파일을 공유해 함께 온라인에서 내용을 수정 또는 첨가를 할 수 있다.

　셋째, 스마트폰과 태블릿에서도 매핑파일을 열어 열람하거나 작업할 수 있다.

넷째, [마인드마이스터]로 작성한 파일을 [구글 문서]로 전환하여 사용할 수 있다. 이 기능을 이용하면 [구글 문서]로 기획문서를 만들 때, 먼저 디지털 마인드맵으로 뼈대를 완성한 다음 이를 [구글 문서]로 전환하여 나머지 내용을 채우는 방식을 사용할 수 있다.

주소록 공유 시스템

직장인에게 주소록 공유는 아주 중요한 요소다. 일을 하는 데 있어 담당자와 연락처만 입수하면 일의 절반을 한 것이나 마찬가지기 때문이다. 그런데 직장인들이 필요로 하는 주소록은 대개 직장 동료들과 중복된 것들이다. 특히 명함은 공개된 정보이기 때문에 굳이 개인이 별도로 관리할 필요가 없는 것이 사실이다. 또 직장인들이 비서가 없다면 혼자서 주소록을 잘 구축해 유지하기가 무척 힘들다. 새로운 명함은 계속 늘어나고, 또 아는 사람들의 연락처도 수시로 바뀌기 때문이다.

이런 문제를 구조적으로 해결하는 방안은 '따로 또 같이' 전략이다. 즉, 회사 업무상 필요한 주소록은 회사에서 관리하면서 보직변경이나 연락처 변경에 관한 정보를 수집하여 업데이트하면서 회사 소속원들과 공유하는 것이다. 한편 개인 동창 등 사적인 주소록은 각자 관리하도록 한다. 개별 직장인 입장에서는 개인 주소록과 회사가 공유해주는 주소록을 합쳐서 사용하면 거의 완벽하게 자신이 필요한 주소록을 운영할 수 있다.

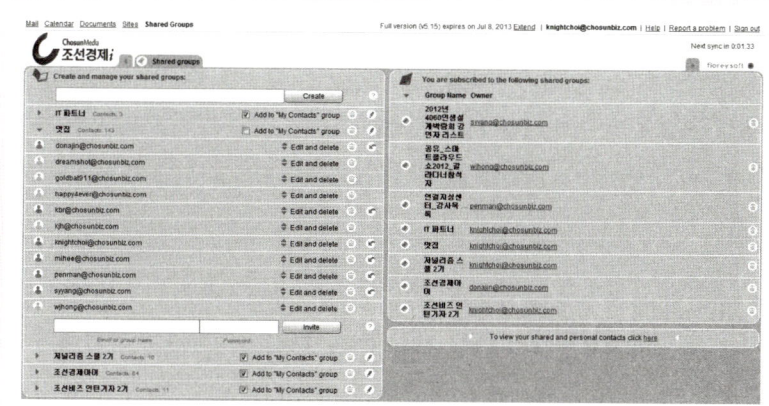

팀 단위에서 [쉐어드그룹]을 이용하면 공동 주소록을 쉽게 구축할 수 있다.

    회사 입장에서도 직장인이 각자 주소록을 만들어 유지하는 데 드는 시간을 공동 주소록 공유를 통해 획기적으로 줄일 수 있다. 이런 방식으로 명함을 자기 보물처럼 여기면서 관리하느라 애를 먹는 직장인들의 고충을 해결해줄 수 있다. 회사 차원에서 공동 주소록을 구축해 공유하는 데 필요한 소프트웨어는 싱크synchronizing 기술을 응용한 것이다. [구글 앱스] 솔루션 중 [쉐어드 그룹shared groups], 넷킬러 공유주소록 등이 그런 기능을 제공한다.

    구글 앱스 마켓플레이스에서 구입할 수 있는 [쉐어드 그룹]은 내가 가진 주소록 중에서 다른 사람과 공유하고 싶은 주소록을 '그룹'으로 지정해서 공유해주는 기능을 제공한다. 구체적으로 A라는 사람이 자신의 주소록 중에서 공유하고 싶은 것을 골라서 B라는 사람과 공유하면, B의 이메일 주소록에 A가 공유한 주소록이 자동으로 표시된다. 만약 A가 공유한 주소록을 업데이트하면 B의 주소록도 함께 업데이트된다.

　이와 같은 주소록 공유기능을 활용하면 회사 소속원들이 개인 주소록과 공동 주소록을 함께 섞어서 효율적으로 관리할 수 있다. 예를 들어 회사의 인사총무팀에서 사원 주소록, 관계사 주소록, 주요 고객 주소록을 구축해서 이를 공동 주소록으로 설정해 소속원들과 공유한다. 소속원들은 회사 공동 주소록을 별도로 입력하지 않고 자신의 이메일 주소록 메뉴에서 회사가 공동으로 관리하는 주소록의 최신버전을 항상 이용할 수 있다.

　주소록 공유기능은 부서나 팀 단위에서도 유용하다. 팀장이 주도하여 팀에 필요한 공동 주소록을 먼저 만들어 팀원들과 공유하고 팀원들이 서로 수시로 업데이트하도록 하면 항상 주소록을 최신버전으로 유지할 수 있다.

구글이 제공하는 도구를 활용한 자체개발

　구글은 외부 소프트웨어 개발업체(Third Party로 불림)가 [구글 앱스]에 붙여서 작동할 수 있는 솔루션을 개발할 수 있는 도구를 제공하고 있다. [구글 앱스]를 채택한 회사는 이 도구를 이용하여 자체적으로 필요한 클라우드 솔루션을 개발할 수 있다.

　구글이 제공하는 클라우드 개발도구는 크게 인프라와 개발도구로 구분된다. 인프라는 '구글 앱스 엔진'이라고 불린다. 구글 앱스 엔진은 구글용 애플리케이션 개발 및 호스팅 플랫폼을 뜻하는데, [구글 앱스]를 이용하는 회사는 이것을 이용해 별도 서버를 마련하지 않고 웹 애플리케이션을 만들어 사용할 수 있다. 구글 앱스 엔진에 구축된 애플리케이션은 속도와 안정성을 보장하기 위해 구글의 웹사이트에서 사용하는 것과 동일한 기술을 사용한다. 두번째 구글이 제공하는 개발도구는 구글 앱스 스크립트, API 등 개발도구들이다. 구글 앱스 스크립트는 기본 구글 앱스 기능을 이용해 원하는 기능을 붙일 수 있도록 고안된 프로그램 언어다. 문법은 자바 스크립트 언어와 기본적으로 같다.

구글 앱스 엔진과 API를 이용하면 회사가 새로운 솔루션을 필요로 할 때 자체개발을 통해 수요에 대응할 수 있다. 더 나아가 자체개발한 앱을 구글 앱스 마켓플레이스에 등록해 전 세계 구글 앱스 사용자들을 대상으로 온라인 판매도 할 수 있다.

[구글 앱스] 제대로 활용하기

1. 구글 앱스 마켓플레이스를 수시로 검색하라

자신이 필요한 앱을 발견하면 무료버전을 붙여 실제로 사용해볼 것을 권한다. PC용 앱처럼 컴퓨터에 깔지 않고 웹브라우저에 붙이면 즉시 앱 기능을 사용할 수 있다. 새로운 앱을 테스트한 다음 직장 동료들에게 추천하고 싶을 때 회사 [구글 앱스] 관리자에게 앱 구매를 요청한다. 구글 앱스 마켓플레이스에서 앱을 인트라넷에 붙일 수 있는 권한은 구글 앱스 계정의 관리자만 갖고 있다.

2. 유료정책을 꼼꼼히 살펴라

각각의 앱마다 유료정책이 다르다. 원하는 앱이라도 규모가 큰 기업에서는 비싼 앱이 있다. 유료정책을 꼼꼼히 살펴보고 앱 구매 및 유지 전략을 짜야 전체 소유 비용을 낮출 수 있음은 물론이다.

3. 브레인스토밍을 수시로 하라

[구글 앱스]의 각종 기능은 레고 블록을 구성하는 개별 블록과 같다. 블록을 이러저리 조합하면 자신이 상상한 모양을 만들 수 있다. 이때 자신이 상상한 모양을 더 디테일하게 표현하거나 새로운 기능을 덧붙이고 싶을 때 구글이 제공하는 개발도구들을 이용할 수 있다. 기본 기능 이외에 새로운 기능을 추가하거나 솔루션을 만들고 싶을 때 가장 중요한 것은 [구글 앱스] 기본 기능을 갖고 논 경험을 서로 나누면서 필요한 것들을 상상해본다. 해답은 브레인스토밍 과정에서 운 좋게 얻는 경우가 많다.

To Be World's Best Googler

에필로그

연결에서
창의력이 나온다

문제해결능력이 필요하다

조선비즈는 매월 업무에 필요한 도서를 구입한 사람들에게 도서구입비를 지원한다. 도서구입비 지원은 자기계발을 원하는 직원을 위한 제도로 많은 기업들이 채택하고 있는 제도다. 하지만 실제 도서 지원제도를 운영하면서 매달 실태를 살펴보는 동안 많은 문제점을 발견했다. 가장 눈에 띄는 것은 회사 책장에 책이 있음에도 불구하고, 동일한 책을 다시 구매하는 점이었다. 특히 베스트셀러 반열에 오른 책은, 다른 직원이 이미 구입한 책을 또다른 직원이 구매하는 패턴이 나타났다.

결과적으로 도서구입비 지원제도는 같은 책을 중복구입하는 문제와 회사비용으로 구매한 책 자산의 활용도가 떨어지는 문제를 지니고 있다.

중복구매와 이미 구입한 책 자산의 활용도가 떨어지는 것은 모두 하나의 원인에서 비롯된 현상이다. 즉, 도서구입비 지원제도의 맹점은 회사 비용으로 구매한 책 목록을 제대로 관리하지 못한 점에서 비롯된 것이다. 회사 총무팀도, 책 수요자도 회사비용으로 구매한 책 목록을 담고 있는 데이터베이스를 갖고 있지 않았던 것이다. 따라서 책이 필요한 사원들은 기존 책 목록을 검색하지 않고 곧바로 책을 구매할 수밖에 없다.

필자는 매달 도서구입비 지원 현황을 보면서 늘 막연히 문제가 있다고 생각했다. 그러다가 경영지원 팀장에게 [구글 앱스] 플랫폼을 이용해 도서 목록 데이터베이스를 구축할 방안을 비롯해 제도개선책을 찾을 것을 요청했다. 문제해결을 요청한 지 일주일쯤 지났을 때, 경영지원팀은 [구글 그룹스]를 이용해 회사비용으로 구매한 도서목록 데이터베이스인 온라인 사내 도서관을 만들어 인트라넷에 붙였다고 보고했다.

경영지원팀이 IT부서 도움을 받지 않고 자체 힘으로 구축한 사내 온라인 도서관은 간단하면서도 각종 문제를 효율적으로 해결할 수 있는 능력을 갖추고 있었다. 우선 경영지원팀은 '조선비즈 도서관'이라는 게시판을 만들어 회사가 보유한 책 정보를 모두 올렸다. 그리고 임직원들이 회사비용으로 책을 구매하려면 먼저 게시판에서 책 목록을 검색하는 규정을 만들었다. 만약 사내 온라인 도서관에 올라와 있는 책을 구매할 경우 회사 비용으로 처리하지 않는 규정을 신설한 것이다.

이어 사내 도서관에서 검색되지 않는 도서를 구매한 임직원은 이메일에서 책 기본 정보를 입력해서 도서관 책 정보 접수용 이메일(book@chosunbiz.com)로 보내도록 했다. 온라인 서점에서 자신이 구입한 책 정보를 검색해서 이메일로 보내는 방법도 소개했다. 이렇게 구입한 책 정보를 이메일로 보내면 간단하게 새로운 책 목록이 기존 온라인 도서관에 생성되고 이 정보가 전 임직원에게 이메일로 자동으로 전달된다. 이처럼 간단하고 편리한 방법을 통해 도서 중복 구입과, 회사 보유 책이 사장되는 문제를 한꺼번에 해결했다.

직장인에게는 창의력과 전문성이 절실하다

지금까지 소개한 조선비즈의 클라우드 컴퓨팅 활용 사례는 가공 시나리오가 아니라 실제 이야기들이다. 직장인들이 [구글 앱스]와 같은 클라우드 컴퓨팅을 적극적으로 사용하면 실제 일과중에 깔끔하게 자기 일을 처리할 수 있을 것이다.

하지만 직장인들에게 여전히 남는 의문이 있다. 앞으로 일과 삶의 균형 유지 노하우만으로 오랫동안 직장생활을 할 수 있을까 하는 의문이다. 경영자 시각에서도 소속원들이 일과 삶의 균형을 유지하면서 직장생활에 충실해도 불만을 가질 수 있다. 시장경쟁에서 기업이 생존하기 위해서는 성실성과 효율성 이외에 다른 '뭔가'가 필요하기 때문이다.

경영자들과 경영학자들은 그런 요소를 흔히 '창의력' 또는 '전문성'이라고 말한다. 두 가지 요소의 공통점은 문제해결 또는 과제해결 능력이다. 그런데 직장생활에서 문제 또는 과제는 반드시 2~3개의 가치가 충돌하

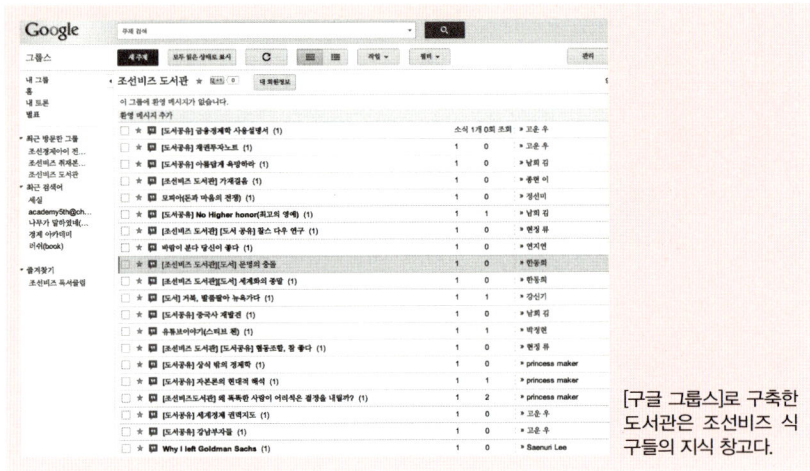

[구글 그룹스]로 구축한 도서관은 조선비즈 식구들의 지식 창고다.

는 모순구조를 갖고 있다. 예를 들어 제품의 성능을 개선하려면 추가비용을 필요로 한다. 비용증가 없이 성능을 개선할 방안을 찾는 것이 바로 창의력이다. 흔히 말하듯이 물 좋고 경치 좋은 곳은 드물다. 그런 곳은 서로 차지하려는 경쟁이 치열하기 때문이다.

앞서 소개한 사내 온라인 도서관 구축 사례의 경우 도서구입 지원제도를 개선하면서도 개발비와 개발인력을 투입하지 않아야 하는 모순구조를 띤 과제였다. 개발비를 투자할 정도의 사안이 아니기에 낭비요소를 없애고 공동자원 이용률을 높여야 하는 과제였다. 직장인들이 이와 같은 유형의 문제를 스스로 포착해 실제 문제를 해결할 수 있으면 창의력을 갖춘 직장인으로 자부심을 가질 수 있다. 하지만 창의력을 갖추기 위한 각종 방법론은 추상적이거나 너무 많아서 보통 직장인들이 실전 방법론으로 채택하기 어렵다.

문제해결에서 디지털 기술의 역할

위 사례에서 문제를 효율적으로 해결한 원동력은 크게 세 가지다. **첫번째 요소는 문제를 포착하고 문제구조를 파악하는 능력이다. 두번째는 문제해결을 위한 가설을 세우는 능력이다. 세번째 원동력은 가설을 검증하는 데 필요한 도구와 소재를 다루는 능력이다.**

창의적인 직장인이 되기 위해서는 먼저 직장 안팎에서 발생하거나 잠복된 문제를 즉각 포착해 그 문제의 구조를 파악할 수 있어야 한다. 어떤 가치들이 충돌하고 있는가를 정확하게 파악해야 그 다음 단계 가설수립으로 나아갈 수 있다. 문제구조를 파악한 다음에는 문제해결을 위한 여러 개의 가설을 세울 수 있어야 한다. 가설을 세운 다음에는 가설을 검증하면서 해결 가능성이 낮은 가설을 버리고, 확률이 높은 가설을 채택해서 문제해결에 집중해야 한다. 가설검증과 아울러 문제해결에는 반드시 도구 또는 소재가 필요하다. 직장생활에서 가설검증과 문제해결에 필요한 도구와 소재는 지식 또는 정보, 디지털 기술, 인맥, 커뮤니케이션 능력 등이다.

직장에서 발생하는 문제를 디지털 기술만으로 해결할 수 없다. 실제 디지털 기술보다 인맥이나 지식을 통해 해결할 수 있는 것이 더 많을 수 있다. 하지만 디지털 기술을 통한 문제해결은 표준화가 가능하다. 또 일정한 능력을 갖출 경우 반복해서 사용할 수 있는 확실한 능력이다. 디지털 기술은 특히 일을 플랫폼 방식으로 처리하고 자동화를 가능하게 만들어 시간과 비용을 획기적으로 줄일 수 있다. 따라서 직장인들이 행복하면서도 탄탄한 직장생활을 하기 위해 무엇보다 먼저 습득하고 늘 훈련해야 할 자질이 바로 디지털 기술 활용 능력이다. 디지털 기술 활용 능력을 잘 갖춘 다음에 문제를 파악하고 문제해결을 위한 가설 세우기 능력을 갖추면 창의력을 갖춘 직장인으로 한 단계 성장할 수 있다.

클라우드 컴퓨팅의 연결에서 창의력이 나온다

이 책 『구글을 가장 잘 쓰는 직장인 되기』의 주요 내용은 직장인이 계모의 손아귀에서 벗어나 자아를 실현하는 신데렐라처럼 되기 위해 필요한 실행 스토리였다. 계모가 던져주는 과제를 효과적으로 처리하는 신데렐라처럼, 직장인도 직장이 던져주는 일더미를 일과중에 깔끔하기 처리하기 위한 노하우들을 소개했다.

이제 남은 과제는 내 시간을 지키기 위한 직장일 처리 전략을 넘어서는 것이다. 경영진이 문제점을 지적하기 전에 내가 알아서 문제를 찾아내고, 이어 문제해결을 위한 가설을 세워 실제 문제를 해결하는 능력을 갖춰야 한다. 하지만 문제해결 능력이란 여전히 추상적인 개념으로서, 누구나 실천하고 따라하면 효과를 거둘 수 있는 비법은 아직 존재하지 않는다. 다만 시간과 공간의 제약을 뛰어넘는 디지털 기술만큼은 문제해결에서 마법과 같은 힘을 발휘할 수 있기에 직장인들은 디지털 기술 활용 능력을 창의력 관점에서 키워야 한다.

오늘날 디지털 기술은 표준화되고 범용화되는 추세 속에서 누구나 문제해결에 활용할 수 있는 전기나 수도와 같은 유틸리티^{Utility}가 됐다. 우리는 이런 추세를 클라우드 컴퓨팅이라고 부르고 있고, 전 세계 IT회사들은 클라우드 컴퓨팅 서비스 제공회사가 되기 위해 경쟁하고 있다.

클라우드 컴퓨팅이 전기와 수도와 다른 점은 완구제품인 레고와 유사한 점이다. 레고의 핵심 원리는 가장 기본 단위인 블록이나 캐릭터가 서로 연결될 수 있도록 같은 결합규칙에 따라 제작된 점이다. 따라서 어떤 블록이나 캐릭터들이라도 언제 어디서든지 내가 생각하는 모양을 만들기 위해 기본 소재로 사용할 수 있다. 또 새로운 블록이나 캐릭터를 만들어도 결합규칙을 준수하면 기존 조립에 보태어 사용할 수 있다.

레고 블록을 잘 다루려면 만들고 싶은 모양이나 테마를 구조적으로 상상해야 한다. 또 그 모양을 만드는 데 필요한 레고 블록 요소를 잘 파악해야 한다. 레고 구성 매뉴얼에 대한 지식이나 이전 시행착오 경험은 레고 만들기에 결정적인 역할을 한다. 레고 블록쌓기 과정에는 문제구조 파악, 가설 세우기, 가설 검증 등 문제해결에 필요한 모든 요소가 포함돼 있다.

클라우드 컴퓨팅 사용법은 실제 레고 블록 사용법과 유사하다. **이메일, 주소록, 사이트, 스프레드시트, 파일 공유, 사진 공유 등 클라우드 컴퓨팅이 제공하는 다양한 요소를 레고 블록이라고 여겨보자.** 우리는 평소에 늘 클라우드 컴퓨팅의 기본 요소를 이러저리 살피고 작동해보면서 기능을 몸에 익혀야 한다. 이는 마치 레고가 제공하는 다양한 블록의 특성을 파악하는 것과 같다.

두번째, 클라우드 컴퓨팅을 구성하는 다양한 블록을 이리저리 연결하

여 새로운 기능이나 모양을 만들어내는 상상을 수시로 해야 한다. 블록과 블록을 연결하면 이런 모양을 만들 수 있겠지 하는 가설을 통해 상상을 하면서, 최적의 연결을 찾아낼 수 있다.

세번째, 가설을 바탕으로 클라우드 컴퓨팅의 모듈들을 실제 조립하면서 시행착오를 경험해야 한다. 시행착오를 거듭할수록 가설상상과 가설검증을 통한 문제해결 경험은 직장인의 전문성으로 탈바꿈될 것이다.

디지털 시대 직장인들이 스스로 삶의 균형 회복을 위해 클라우드 컴퓨팅을 레고 블록으로 받아들이고 클라우드 컴퓨팅 활용법을 익히는 것은 산업화시대에 들어서 잃어버렸던 자립과 자생 기술을 되살리는 길이다.

자, 지금부터 클라우드 컴퓨팅을 내 책상 위에 불러내보자.

To Be World's Best Googler

책을 닫으며
클라우드 기술은 행복이다

필자는 이 책이 직장인을 위한 자기계발서나 IT기술을 알려주는 실용서로 읽히기 바라지 않는다. 그보다는 직장인 모두가 좀더 행복해지기 위한 안내서 역할을 하기 바란다. 이 책은 우리에게 일과 삶의 균형을 회복할 수 있는, 보다 근본적인 방향을 제시할 것이다.

다음은 2012년 8월 조선비즈가 주관한 '스마트클라우드쇼'에서 빌 히픈마이어Bill Hippenmeyer 구글 엔터프라이즈 클라우드 전략 총괄 이사가 '클라우드 기술이 어떻게 우리 삶을 변화시키나'라는 주제로 강연한 내용을 요약한 것이다. '클라우드 기술=행복'이라는 공식이 어떻게 성립되는지 알 수 있을 것이다.

"일과 삶의 균형을 되찾으세요"

빌 히픈마이어, 구글 엔터프라이즈 클라우드 전략 총괄 이사

한국에 구글과 클라우드를 소개할 수 있어 영광입니다. 불과 얼마 전까지만 해도 얼리 어댑터early adapter로 불리는 1~2퍼센트의 사람들만 클라우드 서비스를 사용했었거든요. 물론 지금은 세계 상위 1000대 기업 중 50퍼센트는 업무에 직·간접적으로 클라우드를 적용한다는 조사결과가 있을 정도로 대세가 되고 있습니다.

많은 사람들이 묻습니다. 그동안 수많은 도구들이 나왔는데 굳이 클라우드를 써야 할까요? 다양한 편집도구와 화려한 그래픽 표현까지 지원하는 사무용 프로그램이 있는데 말이지요. 네, 저는 말할 수 있습니다. 그것만으로는 부족합니다. 앞으로 우리가 어떻게 살아갈 것인가를 살펴보면, 왜 클라우드가 필요한지 명확하게 이해할 수 있습니다.

'협업'의 가치를 생각해봅시다. 여러 사람과 얼마나 손쉽게 협력하며 일을 진행할 수 있느냐는 21세기 경쟁력의 핵심이라고 해도 과언이 아닙니다. 그런데 기존에 나온 PC용·사무용 프로그램은 개인의 생산성에만 초점을 맞춰 만들어졌습니다. 협업이라는 관점에서 보면 결코 만족스럽지 않습니다. 언제 어디서나 문서를 꺼내볼 수도 없고 동료와 함께 실시간으로 문서를 작성할 수도 없습니다.

생각해봅시다. 예전에 토요타, GM, 크라이슬러는 5년은 걸려야 새로운 차를 내놓을 수 있었지만, 지금은 11~12개월 주기로 신형 자동차를 내놓고 있습니다. 기업의 경쟁력은 얼마나 빠르게 혁신을 이뤄낼 수 있느냐에 달려 있습니다. 혁신 경쟁력은 협업에서 나옵니다. 실시간으로 협력할 수 없다면 신제품을 빠르게 설계하고 내놓는 데도 차질이 빚어질 수밖에 없습니다.

예전엔 팀원들이 같은 장소에서 같은 시간대에 일하는 물리적인 협업만 가능했습니다. 이제 글로벌 시대를 맞아 서로 다른 장소에 있을 때도 협업하는 것이 중요한 시대가 됐습니다. 그런 점에서 클라우드는 선택이 아니라 필수입니다. 더이상 허상이 아니라 실제인 것이지요. 구글의 클라우드 전략은 장소나 기기에 구애받지 않고 실시간 협업이 가능하도록 하는 것입니다. 또한 모바일에서도 기존 업무환경과 같은 환경을 제공해 업무를 연속적으로 볼 수 있도록 합니다.

클라우드의 또다른 장점은 일과 삶의 균형을 제공한다는 것입니다. 저는 다섯 명의 자녀가 있습니다. 우리는 미국 곳곳에 흩어져 살고 있지만, 구글의 행아웃(hangout, 최대 열 명까지 할 수 있는 영상 채팅)을 통해서 매주 일요일마다 만납니다. 클라우드 기술 덕분에 해변에 놀러가서도 회사에서 주관하는 중요한 회의에 참석할 수 있습니다.

실제 사례입니다. 와이파이가 작동하는 비행기를 타고 이동하는 중에 딸에게 문자가 왔습니다. 학교에서 숙제로 내준 수학문제를 못 풀겠으니 도와달라는 내용이었습니다. 딸은 행아웃 기능을 통해서 문제집을 직접 보여줬고, 마침 저의 옆자리에 앉아 있던 수학 교수님이 도와주셨습니다. 저는 아버지로서, 남편으로서, 구글 이사로서 삶의 균형을 잡을 수 있게 됐습니다. 클라우드 기술로 시간과 공간의 물리적 제약을 뛰어넘을 수 있기에 가능한 일입니다. 이것은 클라우드가 가진 매력이자 진정한 힘일 것

빌 히픈마이어가 '스마트클라우드쇼 2012'에서 클라우드 기술이 우리 삶을 어떻게 변화시키는가에 대해 설명하고 있다.

입니다.

 클라우드를 이용하면 자료를 사용하기 편하지만, 시스템이 잘못되면 자료를 잃어버릴지도 모른다는 우려도 있지요? 그건 기우입니다. [구글 문서도구]에 단어 한 글자를 쓸 때마다 전국 여섯 곳의 데이터센터에 중복 저장됩니다. 데이터센터 간에 문서를 끊임없이 이동하고 복제하고 있기 때문에 데이터센터 한곳에서 문제가 생겨도 문서를 손실할 염려가 없답니다.

 이 책을 읽는 독자가 클라우드를 통해 업무의 혁신을 이루고 일과 삶의 균형을 찾는 비법을 발견하기를 진심으로 바랍니다. 여러분이 좀더 풍부한 한글 폰트를 이용할 수 있도록 구글 개발진들이 돈과 시간을 투자하고 있다는 점도 참고로 알아두시면 좋겠습니다.

부록

구글을 가장 잘 쓰는
직장인이 되기 위한 팁

스마트 워킹에 대한 오해와 진실 | 클라우드 컴퓨팅에 대한 오해와 진실 |
신생기업과 중소기업을 위한 세팅 및 교육 가이드 | 용어정리

To Be World's Best Googler

부록 1

스마트 워킹에 대한 오해와 진실

Q ___ 직장인에게 스마트 워킹은 무엇을 의미하나요?

A ___ 많은 기업인이나 경영자들은 스마트 워킹을 '장소'에서 자유로워지는 것을 중심으로 풀이합니다. 스마트 워킹의 진짜 핵심은 '일'에서 자유로워지는 것입니다. 장소에서 자유로워지는 것은 장소를 아웃소싱하는 것에 불과합니다. 예를 들어 집에서 회사 업무를 할 때 처리해야 할 일을 처리하지 못하면 집안일을 할 수 없습니다. 몸은 회사에서 벗어나 있지만 내 시간은 여전히 회사에 매여 있기 때문입니다. 오히려 집에서 일할 때 집중을 못해 효율성이 더 떨어질 수도 있습니다. 회사 밖에서 일하면서 제한된 시간 안에 회사일을 깔끔하게 처리할 수 있으면 회사 이외 장소에서 근무하는 것이 효율적입니다.

따라서 스마트 워킹을 직장인의 시각에서 재정의해야 합니다. 즉, 장소

중심에서 일 처리 중심으로 재정의해야 합니다. 스마트 워킹은 자신의 일을 일과중에 깔끔하게 처리하는 것입니다. 만약 회사 밖에서 일과중에 자신의 일을 깔끔하게 처리할 수 있으면 장소로부터의 자유는 보너스로 얻을 수 있습니다.

Q 스마트 워킹을 하면 회사에서 해고될 우려가 없나요?

A '일과중에 내 일 깔끔하게 처리하기'라고 스마트 워킹을 재정의하면 해고의 위험성은 상당히 줄어듭니다. 회사 근무를 기본으로 하면서 필요에 따라 집, 휴가지, 커피숍에서 내 일을 처리하는 것이 스마트 워킹이 되기 때문입니다. 또 새로운 스마트 워킹 개념에 따르면 승진에서 누락할 우려도 줄어듭니다. 오히려 내 일을 언제 어떤 상황에서도 깔끔하게 처리함으로써 유능한 직장인이라는 평가를 받습니다.

Q 만약 직장을 그만두는 상황에 대비해서 무엇을 준비해야 하나요?

A 일과중에 내 일을 깔끔하게 처리하는 것은 직장인의 기본입니다. 회사 사정은 늘 변하기 마련이고, 국내외 경제여건도 항상 변화가 무쌍합니다. 내 직장을 둘러싼 환경변화 때문에 내 직장생활이 위협받을 수 있습니다. 따라서 직장인은 늘 새로운 상황에 대비해야 합니다. 특히 내 일자리가 없어질 수 있다는 가정 아래 철저하게 준비를 해야 합니다.

직장인이 나와 내 가족을 지키기 위해 해야 할 일은 우선 내가 맡은 분야에서 자료를 잘 축적해야 합니다. 특히 온라인에 자료를 잘 축적하는 것은 나의 전문성을 높이는 길입니다. 잘 축적된 자료는 창의력의 보고이기도 합니다. 두번째 준비해야 할 것은 새로운 직업에 필요한 지식과 경험입니다. 우리가 사는 세상은 여러 개의 직업 또는 스킬을 가지고 느슨하게 여러 곳에 고용되는 시대에 접어들었습니다. 그런 시대에 대비해 적어도 10년 계획을 세워 새로운 기술을 익혀야 합니다.

Q _____ 집에서 아이를 돌보면서 일을 해야 하는 직장인이라면 장소 중심의 스마트 워킹을 해야 하지 않나요?

A _____ 집에서 일하면서 내 일을 깔끔하게 처리하려면 두 가지 조건을 충족해야 합니다. 첫째, 상사 보고, 협업부서 간 미팅, 외부 파트너 미팅 등 오프라인 미팅을 효과적으로 처리할 수 있어야 합니다. 둘째, 아이를 돌보지 않는 시간대에 집중할 수 있어야 합니다. 즉, 오전 90분 오후 90분, 매일 180분가량을 누구로부터 방해받지 않고 일에 집중할 수 있는 시간대를 반드시 확보해야 합니다. 일을 하다가 아이를 돌본다든지, 집안 청소를 하는 등 집중시간대가 중간에 잘리면 스마트 워킹은 불가능합니다. 오프라인 미팅에 대처하고, 집중시간대를 확보하려면 캘린더 관리를 잘해야 합니다. 오프라인 미팅의 경우 일주일에 반나절 또는 하루를 할애하여 몰아서 처리를 하는 방식으로 대처해야 합니다. 집중시간대를 확보하려면, 시간을 중간에 자르는 요소를 파악해 집중시간대를 피하도록 미리 조치를 취해야 합니다.

Q _____ 스마트 워킹은 디자이너 등 독립 기능을 지닌 사람만 할 수 있는 것이 아닌가요?

A 혼자서 수행할 수 있는 기능이나 미션을 담당한 직장인들이 주로 스마트 워킹의 대상자였습니다. 실제 스마트 워킹을 선호하거나 그런 문화를 이끄는 사람들은 디자이너, 카피라이터, 작가 등 프리랜서를 지향하는 사람들입니다. 하지만 대다수의 직장인들은 독립 기능을 수행하기보다 내부 사람이나 외부 파트너와 어울려 협력해야 합니다. 더불어 일을 해야 하는 직장인들이 자신의 삶을 스스로 통제할 수 있어야 진정한 스마트 워킹이 작동할 수 있습니다. 일과중에 일을 깔끔하게 처리할 수 있으면 누구나 스마트 워킹을 할 수 있을 것입니다.

Q 일반 직장생활을 위한 스마트 워킹을 위해 무엇을 준비해야 하나요?

A 먼저, 혼자 할 수 있는 일부터 준비해야 하고 다음 단계에서 협업 프로젝트를 팀 단위로 수행하는 연습을 해야 합니다. 혼자 할 수 있는 일은 개인 자료 관리부터 온라인화하는 것입니다. 특히 모든 개인 자료를 온라인 한곳에만 저장하고, 복사본을 만들지 않아야 합니다. 이렇게 하려면 [구글 문서도구]와 같은 웹오피스를 반드시 채택해야 합니다. 또 자료 제목을 구조화해서 체계적으로 아카이빙해야 합니다.

진정한 스마트 워킹을 가능하게 하려면 다른 사람의 도움을 언제든지 받을 수 있어야 합니다. 그러기 위해서는 나 역시도 다른 사람에게 언제든지 도움을 줄 수 있어야 합니다. 협업은 철저하게 상부상조 방식에 의해 진행됩니다. 하지만 이런 협업은 실제 세계에서는 잘 작동하지 않습니다. 사람들의 관심사, 지식, 열정이 늘 서로 빗나가기 때문입니다. 또 여럿이 모이면 열정적인 리더, 적당한 수준의 참여자, 뒤따라가는 소극적인 사람, 그리고 무임 승차자로 갈리기 때문입니다.

Q _____ 스마트 워킹에 도움을 받을 수 있는 협업을 가능하게 하려면 어떻게 해야 하나요?

A _____ 지금까지 무수한 연구자들이 협업을 연구했지만 협업을 반복적으로 가능하게 하는 방법론을 명쾌하게 찾지 못했습니다. 실제 협업의 성공사례로 꼽히는 위키피디아는 다른 분야에서는 잘 작동하지 않아 특수한 조건 아래 작동하는 것으로 평가받고 있습니다. 다만, 웹오피스와 같은 온라인 공유 시스템과 문화는 협업을 작동시킬 수 있는 기반으로 훌륭한 자격을 갖추고 있습니다. 웹오피스의 경우 처음부터 공유가 가능하고 공동작업을 할 수 있기 때문에 적절한 협업 프로젝트에 잘 적용하면 협업원리를 구현할 수 있습니다. 클라우드 컴퓨팅이 대중화되면 기술이 더이상 협업의 걸림돌이 아닙니다. 오랫동안 분업 시스템에 길들여진 직장인의 마인드 그 자체가 협업의 걸림돌입니다.

To Be World's Best Googler

부록 2
클라우드 컴퓨팅에 대한 오해와 진실

보안에 대한 우려

Q 회사의 중요한 데이터를 외부에 맡기면 위험하지 않나요? PC 하드디스크나 회사 파일 시스템에 보관하는 것이 훨씬 안전한 것이 아닌가요?

A 사람들은 가장 중요하게 생각하는 돈을 집 금고나 회사 금고에 보관하지 않습니다. 안전과 편리함을 고려해서 은행이라는 제3자 전문 조직에 맡깁니다. 그리고 필요할 때마다 인터넷과 스마트폰으로 자신의 돈에 접근해서 사용하고 있습니다. 이처럼 자신의 소중한 자산을 제3자에게 맡기고 원격으로 필요할 때마다 자산을 활용하는 것이 바로 클라우드 컴퓨팅의 구조와 원리입니다. 사람들은 이미 가장 중요한 자산을 클라우드의 원리를 활용해서 관리하고 사용하고 있는 것입니다.

그런데 사람들은 자신들의 디지털 자산을 PC의 하드디스크 또는 회사 자체 파일 시스템에 저장하는 것이 아니라 제3의 IT회사에 저장하는 것에 대해 막연한 두려움을 갖고 있습니다. 실제 개인이나 회사 안 컴퓨터에 보관하는 것은 사설금고를 이용하는 것과 같습니다. 또 외부 전문회사에 보관하는 것은 은행금고를 이용하는 것과 같습니다. 이렇게 생각하면 막연한 두려움에서 벗어날 수 있습니다.

한발 더 나아가 사설금고와 은행을 이용할 때 편리함을 비교하면 데이터를 제3자에 맡기는 장점을 금방 이해할 수 있습니다. 이를테면 사설금고에 돈을 보관하면, 외부에서 갑자기 돈이 필요할 때 아무런 방법을 찾을 수 없습니다. 이에 비해 은행에 돈을 맡기면 언제 어디서든지 그 돈에 접근해서 자유자재로 활용 가능합니다. 클라우드 컴퓨팅을 표방하는 전문 업체들은 365일 24시간 고객의 데이터를 지키고 만약의 경우에 대비하는 것을 핵심가치로 삼고 있습니다. 또 고객이 언제 어디서든지 원할 때 데이터에 접근해 활용할 수 있는 서비스를 제공하고 있습니다.

Q _____ **해커 등 제3자가 침투하면 회사 중요 자료를 빼가거나 파괴할 수 있는 것이 아닌가요?**

A _____ 해커 등 제3자가 온라인에 저장한 데이터에 접근할 가능성은 크게 세 가지입니다. 첫째, 클라우드 컴퓨팅 서비스 제공업체의 네트워크에 직접 침입하는 경우입니다. 둘째, 회사 소속원의 PC에 침투해 클라우드 컴퓨팅 사용 계정과 패스워드를 훔쳐서, 클라우드 컴퓨팅에 로그인하는 경우가 있을 수 있습니다. 셋째, 회사 내부 직원이 로그인해 자료를 다

운로드 받아서 빼내거나, 제3의 외부 계정으로 복사를 해서 빼가는 경우가 있을 수 있습니다.

첫번째 경우는 확률이 가장 낮습니다. 지구촌에서 클라우드 컴퓨팅 서비스 회사만큼 네트워크 보안에 많은 돈을 투자할 수 있는 개별 회사와 개인이 있을 수 없기 때문입니다. 두번째 경우는 실제 발생할 수 있는 유형입니다. 은행계좌 번호와 비밀번호가 유출되는 것과 같은 사고입니다. 은행이 비밀번호 이외에 공인인증서와 비밀번호 임시 발생카드 OPT를 활용하듯이, 클라우드 컴퓨팅 회사도 2단계 보안 인증, 데이터 암호화 등 각종 추가 보안 장치를 마련해서 대비합니다. 세번째 경우는 내부자 범죄로, 가장 막기 어려운 것입니다. 다만 내부자 범죄에 대한 위험은 사설금고와 비교해서 더 높다고는 말할 수 없습니다. 금고 키를 관리하고 있는 사람이 돈을 훔치는 것을 막기 어려운 것은 사설 보관이나 클라우드 저장이나 동일합니다.

Q _____ 내부 직원이 회사 아이디를 제3자에게 알려주면 회사 자료가 몽땅 유출되지 않나요? 내부 직원이 자신의 개인 계정으로 회사 자료를 카피하면 어떻게 막을 수 있나요?

A _____ 앞서 언급한 내부 직원에 의한 데이터 유출유형은 가장 치명적인 보안사고입니다. 전 세계 IT관련 보안사고의 90퍼센트는 내부자에 의한 사고입니다. 아무리 외부 침입에 잘 대비해도 내부 직원이 마음먹고 데이터를 빼내려고 하면 막기 어렵습니다. 내부자가 데이터를 훔쳐갈 가능성은 회사 자체 파일 서버에 데이터를 보관해도 마찬가지입니다. 내부

자가 회사 데이터를 빼내가는 것을 막는 방법은 로그인 기록을 남기는 것과, 자료별 권한을 잘 정하는 것입니다. 로그인 축적 방식은 사후에 유출자를 잡기 위한 것이며, 권한 설정은 사안별로 원천적 접근을 차단하기 위한 것입니다.

클라우드 컴퓨팅은 모든 데이터에 접속 시간과 사용자 정보를 보관하기 때문에 작업 정보를 모두 축적할 수 있습니다. 내부자에 의한 유출을 막기 위한 더 확실한 조치는 사안별로 권한 관리를 철저하게 하는 것입니다. 클라우드 방식은 개별 자료별로 공유 권한을 정하기 때문에 더 정밀하게 자료의 중요성을 분류하여 내부자 외부유출을 원천적으로 막을 수 있습니다.

Q 회사에서 별도로 온라인 자료를 백업하려면 어떻게 하나요?

A 대다수 클라우드 컴퓨팅 서비스 공급자들이 데이터 백업을 위한 전용 API를 제공합니다. 이러한 API를 사용하면 보다 쉽고 빠르게, 심지어 실시간으로 데이터를 백업할 수 있으며 글로벌 규격이 존재하는 문서나 이메일 등의 경우 타 서비스 공급자의 어플리케이션을 통해서 그 내용을 확인하거나 해당 데이터에 대해서 서비스 공급처를 변경할 수도 있습니다. 물론 서비스 공급처의 변경에 따른 호환성 문제는 클라우드나 로컬 소프트웨어 역시 동일하므로 차이가 없습니다.

비용에 대한 우려

Q ____ 정말 IT 관리자를 고용하지 않아도 되나요?

A ____ 기업이나 개인은 IT를 일상 업무의 기본 플랫폼으로 사용하고 있습니다. 그러나 IT는 사무실 인테리어나 가구처럼 한번 마련해두면 더이상 신경을 쓰지 않아도 되는 것이 아닙니다. 외부의 보안 위협을 비롯해 데이터 관리, 신기술 IT 업무 적용 등을 위해 지속적으로 관리를 해야 합니다. 그래서 회사마다 IT관련 부서를 두고 있는데, 이들 업무를 분석하면 약 65퍼센트 역량을 IT 기본 시스템 유지 보수에만 쓰고 있습니다. 새로운 것을 개발해 업무를 혁신하는 등 창의적인 IT업무에는 35퍼센트만 쓸 뿐입니다. 클라우드 컴퓨팅을 이용하면 IT관련 업무 중 65퍼센트를 제로로 만들 수 있습니다. 100명 이하 소규모 기업의 경우 IT 관리부서를 1~2명 정도로 최소화하거나 총무부서에서 다른 업무와 함께 IT관리 업무를 맡도록 하는 방식으로 아예 없애버릴 수도 있습니다.

Q ____ 100명 직원을 고용한 회사라면 1년에 비용을 얼마나 써야 하나요? 그리고 실제 얼마나 비용을 절약할 수 있나요?

A ____ 각 클라우드 컴퓨팅 공급자에 따라서 사용자별 월·년 비용 테이블이 있습니다. 가령 구글 앱스 비즈니스 버전의 경우 사용자 1명당 1년에 50달러이며 이는 부가적인 소프트웨어나 프리미엄 기술 지원 등이 포함되지 않고 약관에 따라 기본 기술지원만이 포함된 비용입니다. 물론 IT 관리자의 65퍼센트에 달하는 시스템 관리 업무가 줄어드므로 그만큼의

업무 효율이나 인건비 절감을 예상할 수 있습니다.

Q _____ 클라우드 컴퓨팅 업체가 전력회사가 전기료를 올리듯이 비용을 올리면 대책이 없지 않나요?

A _____ 클라우드 컴퓨팅 서비스 가격은 기술혁신과 시장경쟁에 의해 영향을 받습니다. 우선 기술혁신 측면에서 보면, IT기술은 가격은 점점 싸지고 성능은 반비례하여 높아지는 특성을 지니고 있습니다. 이에 따라 새로운 서비스가 등장하고 성능이 개선되어도 가격은 늘 일정한 경향성을 보이고 있습니다. 두번째, IT시장은 늘 경쟁이 치열한 특성을 지니고 있습니다. 굴지의 회사들이 기술과 가격 그리고 성능 경쟁을 하기 때문에 특정회사가 일방적으로 가격을 올리는 전략을 구사하기 거의 어렵습니다. 특정회사가 가격을 일방적으로 인상하면 다른 회사 서비스를 이용하는 방식으로 대응할 수 있습니다.

추가개발 및 확장성

Q _____ 회사가 필요한 솔루션을 어떻게 구축하나요?

A _____ 회사가 필요한 솔루션을 구축하는 방법은 크게 자체 개발, 마켓플레이스에서 온라인 구매, 외부 개발업체 의뢰 등을 통해 해결 가능합니다. PC나 맥 운영 체제 하에서 누구나 소프트웨어를 개발할 수 있는 것처럼 클라우드 컴퓨팅 역시 API와 클라우드 엔진 플랫폼 등을 통해 소

프트웨어를 자유롭게 개발할 수 있습니다. [구글 앱스]의 경우 구글 스크립트 언어와 API를 이용해 필요한 시스템을 만들어 쓸 수 있습니다. 다만 구글이 제공하는 도구 안에서 해결해야 합니다. 자체 개발에서는 오픈소스 진영의 도움을 받을 수 있습니다. 구글 등 클라우드 컴퓨팅 서비스의 경우 세계적으로 가장 많은 개발자 그룹이 존재하며 상당한 소프트웨어와 기술들을 오픈 소스Open Source와 GNU 라이센스를 통해 누구나 자유롭게 사용하도록 개방하고 있습니다.

클라우드 컴퓨팅이 대세로 자리를 잡아가면서 클라우드 컴퓨팅에 필요한 컨설팅, 클라우드 컴퓨팅 기반 제3자 솔루션 개발 등 다양한 관련 산업이 발달하면서 생태계를 만들어가고 있습니다. 예를 들어 구글 앱스 마켓플레이스에는 기존 개발업체와 신규 개발업체가 [구글 앱스]를 활용한 다양한 솔루션들을 개발하여 온라인에서 판매하고 있습니다. 세번째 외부업체 의뢰 방식을 사용하려면, 구글 앱스 마켓플레이스에 솔루션을 판매하고 있는 회사를 우선 고려할 수 있습니다. 이들 회사가 해당 클라우드 아키텍처를 이해하고 오픈 소스로 프로젝트를 진행한 경험이 많기 때문입니다.

Q _____ 클라우드 컴퓨팅을 도입했을 때 자체 솔루션 개발을 위한 최선의 전략은 무엇인가요?

A _____ 양복을 새로 마련할 때 기성복을 구매하거나 맞춤 양복을 구매할 수 있습니다. 회사 입장에서 회사 내부 사정이 늘 바뀌고, 또 IT환경도 늘 바뀝니다. 따라서 맞춤 IT를 도입하면 그 순간부터 이미 몸과 옷

이 서로 맞지 않는 현상이 나타납니다. 클라우드 시대 최고의 IT전략은 맞춤 IT전략을 버리고 범용 IT전략을 채택하는 것입니다. 즉, 확장성과 지속 가능성을 지닌 기초 도구를 구입한 다음 그것을 이용해 자신이 필요로 하는 것을 스스로 만들어 사용하는 것입니다. 그래야 비용대비 투자 효과를 거두면서 향후 신기술 환경 변화에 따른 리스크를 줄이고 앞으로의 트렌드를 따라갈 수 있는 유연성을 확보할 수 있습니다.

애프터서비스 및 운용

Q 문제가 생길 때 누가 지원해주나요?

A 장애나 문제에 대하여 클라우드 컴퓨팅 서비스 공급자는 SLA Service Level Agreement를 통해 문제해결 절차나 보상 등에 대하여 명확히 밝히고 있습니다. [구글 앱스]의 경우 가입과 계정이 신규로 생성이 될 때마다 온라인 약관 동의를 통해 재확인을 받고 있는데 자신의 구글 앱스 제어판의 티켓번호를 확인해 구글이 명시한 전화나 이메일 양식폼을 통해 요청을 하고 서비스 티켓을 받을 수 있습니다.

보다 전문적인 세팅과 원격지원 등이 필요한 프리미엄 기술지원의 경우 구글 앱스 리셀러 또는 마켓플레이스 등이나 구글 앱스 전문 기술지원 서비스 제공사와 추가 계약하여 제공받으실 수 있습니다. 이 경우 프리미엄 기술지원은 해당 서비스 공급사의 서비스 약관에 따릅니다. 데이터 손실과 같은 치명적이고 긴급한 장애에 대하여 고객은 위와 같은 프리미엄 기술지원 서비스 공급 업체 외에 구글 앱스 제어판을 통해 구글에 직접 요청을 하고 이를 해당 프리미엄 기술지원 공급사와 공유할 수 있습니다.

Q _____ **자체에서 해결이 가능한 것과 그렇지 않는 것은 어떤 것인가요?**

A _____ 장애나 문제가 발생하면 우선 해당 문제가 인터넷 접속망이나 자신만의 도메인에서 발생하는 문제인지 확인할 필요가 있습니다. 참고로 구글은 구글 앱스 대쉬보드 Google Apps Status Dashboard를 통해서 365일 24시간 SLA가 제공되는 주요 서비스에 대한 상태를 실시간 개방하고 있습니다.

상기 사이트를 통해서 문제의 원인을 파악하는 데 큰 도움을 받을 수 있습니다. 만일 위의 문제가 아니라 자신만의 도메인에서 발생하는 문제라면 인터넷 네트워크 문제 혹은 브라우저 캐쉬나 오동작에 따른 가능성이 크므로 다른 네트워크(무선 테더링 등)에서 다른 디바이스(스마트폰 등)를 통해 문제가 동일한지 확인할 필요가 있습니다. 만일 구글 앱스 대쉬보드에 명시된 문제라면 해당 문제가 완전히 해결될 때까지 기다려볼 수 있습니다. 이외의 경우 모두 프리미엄 기술지원 공급사나 구글 등 서비스 공급사에 서비스 티켓을 발행하여 전문가의 도움을 받으시길 권합니다.

웹오피스 등 기능 제한

Q _____ [구글 문서도구]와 같은 웹오피스가 PC용 오피스 기능을 전부 지

원하지 않고 있는데, 오프라인 경쟁 제품의 기능을 언제쯤 따라잡을 수 있나요?

A ＿＿＿＿ 웹오피스 특징 중 하나는 기능이 실시간 개선되고 또 새로운 기능이 수시로 추가되는 점입니다. 또 기능이 개선될 때 별도로 소프트웨어를 다운로드받아 설치할 필요 없이 그냥 웹브라우저에서 웹오피스를 열기만 하면 됩니다. [구글 문서도구]의 각종 기능은 오프라인 오피스 제품의 각종 기능에 상당히 근접해 있습니다. 구글이 앞으로 수시로 기능을 개선하고 기능을 추가하면 몇 년 안에 거의 비슷한 수준에 이를 것입니다.

Q ＿＿＿＿ 프레젠테이션이 파워포인트에 비해 기능이 너무 빈약합니다. 이것을 갖고 중요한 자리에서 발표자료로 사용할 수 있을까요?

A ＿＿＿＿ [구글 문서도구] 사용자들이 불만을 가장 많이 제기하는 기능이 바로 '프레젠테이션'입니다. 주로 프레젠테이션의 폰트, 애니메이션 효과 등 자료를 화려하고 역동적으로 만드는 데 필요한 기능이 불편하고 또 부족하다고 합니다. [구글 앱스]를 사용하는 일부 기업은 외부 발표용 자료는 기존 오피스 제품을 이용하기도 합니다.

'구글 프레젠테이션'에 관련된 이슈는 작은 이슈 같으면서도 중요한 이슈를 담고 있습니다. 첫째 기존 프레젠테이션 문화의 낭비적 요소를 짚어봐야 합니다. 기업 현장에서 2000년대 후반부터 화려한 발표자료를 꾸미는 데 너무 많은 시간을 잡아먹는 프레젠테이션 문화가 혁신의 걸림돌이라고 반성하기 시작했습니다. 실제 파워포인트를 대체하기 위한 '프리지Prezi' '마인드맵' 등 대체 발표자료 제작 도구가 인기를 끌고 있습니다. 각종 발표자료를 만들 때 화려한 치장보다 핵심 메시지에 집중하면 사실 복잡한 기능을 필요로 하지 않습니다. 복잡하고 화려한 자료 제작 관행이 직장인들이 일과중에 일을 깔끔하게 처리하지 못하게 하는 원인이기도 합니다. 이처럼 프레젠테이션을 외적요소에서 내적요소로 초점을 옮기면 구글의 '프레젠테이션' 도구의 장점에 주목할 수 있습니다. 온라인 공유의 특성을 이용해 언제 어디서든지 수정 작업을 할 수 있고, 또 여러 사람이 함께 자료를 만들 수 있는 점이 기업 혁신을 촉진시킬 수 있기 때문입니다.

두번째 기술적 이슈입니다. '구글 프레젠테이션'은 그래픽 처리 등을 모두 로컬 컴퓨터가 아닌 인터넷을 통해 브라우징하여 프레젠테이션하는 방식입니다. 그러므로 자신의 로컬 컴퓨터에 저장된 대용량 이미지보다는 가볍고 업로드, 다운로드가 쉬운 이미지를 선호할 수밖에 없습니다. 기능상으로도 로컬 컴퓨터에서 실시간으로 빠르게 불러오는 것에 비하여 인터넷 통신을 통해 브라우징되는 방식이므로 여러 기능이 화려하기보다는 합리적이고 효율적으로 만들어져 있습니다. 그런데 오히려 대용량 프레젠테이션의 경우 클라우드의 특성상 데이터센터의 강력한 CPU를 사용하므로 서비스가 균일하게 안정적이므로 대용량의 프레젠테이션을 만들 때 오히려 '구글 프레젠테이션'이 사용되는 경우가 많습니다.

Q _____ 웹사이트를 예쁘게 꾸미고 싶은데 [구글 사이트 도구]의 기본 기능을 갖고 충분히 표현할 수 있나요?

A _____ [구글 사이트 도구]는 HTML을 이용해서 직접 사이트를 꾸밀 수 있습니다. HTML 언어는 누구나 2~3개월 정도 익히면 직접 사용할 수

있습니다. 신입사원 교육을 실시할 때 HTML과 사진 등 이미지 가공 소프트웨어 사용 교육을 실시하면 좋습니다. 사이트의 인상에 영향을 미치는 핵심 요소는 배너와 색상 등 이미지와 관련된 것이기 때문입니다.

To Be World's Best Googler

부록 3
신생기업과 중소기업을 위한 세팅 및 교육 가이드

1단계. 구글 앱스 세팅

신생회사start ups와 500명 이하 규모의 중소기업들이라면 클라우드 컴퓨팅을 기본 IT시스템으로 도입하는 것을 진지하게 검토해야 한다. 특히 신생회사는 임직원들이 출발할 때부터 클라우드를 사용하면 모두 기술을 이용하는 좋은 버릇을 처음부터 제대로 익힐 수 있다. 기업용 클라우드 컴퓨팅 플랫폼으로서 [구글 앱스]를 도입하려면 [구글 앱스]가 기업현장에서 어떻게 사용될 수 있는가를 잘 살펴야 한다. [구글 앱스]의 다양한 요소를 기업 현장의 IT수요 관점에서 분류하면 다음과 같다.

[표] 기업 현장의 관점에서 바라본 구글 앱스

구분	기본세팅	적용분야	비고
자료 생산 및 관리	• 구글 문서도구 (문서/스프레드시트/ 프레젠테이션/양식/ 그림도구)	• 자료 개별 생산 • 자료 공동 생산 • 자료 공유	
자료 아카이빙	• 드라이브 • 피카사 웹앨범 • 유튜브	• 회사 미디어 자산 아카이빙	
자기관리	• 주소록 • 캘린더 • 할 일 목록	• 개인 인맥관리 • 고객을 테마별로 관리	
커뮤니케이션	• 이메일 • 토크 • 구글플러스	• 사내 실시간 커뮤니케이션 • 고객과 실시간 커뮤니케이션	
웹 플랫폼	• 구글 사이트 도구 • 구글 그룹스	• 인트라넷 • 회사 웹사이트 • 마케팅용 웹사이트	• 이미지 처리 도구가 필요 (예 : 포토샵)
기업용 솔루션	• 구글 앱스 엔진활용 • 구글 앱 마켓플레이스 • 구글 맵	• CRM/ERP • SCM • 전자결재 • eDocument System	

클라우드를 도입하려는 회사가 첫번째 할 일은 [구글 앱스]의 적용 분야를 파악한 다음 [구글 앱스]를 회사 기본 IT플랫폼으로 세팅하는 것이다. [구글 앱스]를 설치하면 위 표에서 알 수 있듯이 자료 생산을 비롯해 자료 관리, 자기관리, 커뮤니케이션, 웹 플랫폼, 기업용 솔루션 등 6개 기간 플랫폼을 확보할 수 있다.

[구글 앱스]는 6개 IT플랫폼을 근간으로 회사가 필요로 하는 솔루션을 스스로 만들어 사용하거나, 마켓플레이스에서 구할 수 있도록 설계돼 있다. 앞서 소개한 대로 [구글 앱스]는 레고 블록 세트와 같은 것이다. 따라

서 [구글 앱스]를 세팅하면 웬만한 솔루션은 [구글 앱스] 플랫폼을 이용하여 확보하여 운영할 수 있다. 하지만 [구글 앱스] 세팅만으로 그런 효과를 기대하기 어렵다. 회사 임직원들이 모두 레고 블록을 갖고 원하는 모양이나 테마를 꾸밀 수 있도록 레고 블록의 속성을 파악하고 가상의 모양을 그리고, 그 모양을 만들기 위한 기술과 경험을 쌓아야 한다.

2단계. 교육

[구글 앱스]를 세팅했다면 다음은 교육이다.

• 기초 교육

교육의 목표는 회사의 전 소속원들이 [구글 앱스]라는 조립 완구 세트를 자유자재로 자신의 일을 처리하는 데 사용하도록 하는 것이다. 교육에서 반복해서 강조하는 핵심가치는 '제3자 원칙'이다. 즉, 업무용 자료를 만들거나 공유할 때, 반드시 제3자가 한눈에 무슨 내용인가를 알 수 있도록 하는 것이다. 특히 자료를 만든 당사자도 일정 시간이 흐르면 제3자가 된다는 점을 머릿속에 확실하게 새기도록 해야 한다.

[구글 앱스] 활용에 제3자 원칙을 적용하는 최우선 대상은 모든 자료의 제목달기이다. 텍스트 중심의 문서를 비롯해 스프레드시트, 프레젠테이션, 사진, 이메일 등 모든 자료의 제목을 달 때 '대분류_중분류_소분류_연월일'이라는 구조화된 제목을 달도록 소속원들에게 교육을 한다.

두번째 교육은 제목만 붙인 자료라도 처음부터 보고라인 및 협업라인과 공유하도록 하는 공유습관 교육이다. 이어 빈 문서를 함께 만들어가면서 '메모' 기능을 이용해 서로 토론하도록 하는 협업 소통 교육을 실시한다.

세번째 교육은 보고나 미팅을 마치고 나면 반드시 새로 발생한 일정을 캘린더에 반영하고 관련자를 초대하는 습관적 반복 사용 방법을 교육시킨다. 이때 캘린더의 각종 세부 기능을 응용하도록 교육한다.

• 기능 교육

기능 교육의 주요 대상은 [구글 양식]과 [구글 사이트 도구]다. [양식]은 샘플 과제를 주면서 여러 차례 스스로 만들어서 가상 데이터를 입력하도록 훈련을 시킨다. [사이트 도구] 교육은 다소 많은 시간을 배정하여 충분히 기능을 익힐 수 있도록 교육을 실시한다. 특히 텍스트 위주의 배너를 직접 제작할 수 있는 이미지 처리 도구도 함께 교육을 실시해야 효과적이다. [사이트 도구] 교육을 실시하면서 공통 과제로 개인 프로필 사이트 만들기 과제를 주고, 사내 프로필 경연 대회를 실시하면 교육 효과를 높일 수 있다.

• 심화 교육

[구글 문서도구]를 활용해 콘텐츠를 만들고 이어 [사이트 도구]를 이용해서 만든 웹사이트에 붙이는 교육을 실시한다. 예를 들어 '문서'로 만든 마케팅용 콘텐츠를 사이트에 그대로 게재하는 방법(원 도큐먼트-일관생산 방식)을 가르친다. 또 [양식]을 웹사이트에 붙이는 등 [사이트 도구]와 연

계를 가르친다

- **응용 프로그램 활용 교육**

[구글 앱스]를 세팅하면서 전자결재 시스템, CRM 등 응용 솔루션을 붙였다면 이들 솔루션을 이용하는 교육을 실시한다. 응용 프로그램 활용 교육은 [구글 앱스]의 기본 기능을 충분히 익히도록 한 다음에 실시해야 효과를 거둘 수 있다.

3단계. 현업 활용

[구글 앱스] 세팅-[구글 앱스] 세부 기능 교육을 마친 다음에는 [구글 앱스]를 본격적으로 업무에 활용하도록 한다. 업무 활용 단계에서는 개인 편차, 팀별 편차가 심하게 나타난다. 공통적으로 모든 임직원들이 자기관리를 [구글 앱스]로 잘 수용하도록 교육을 하고 또 모니터링하면서 부족한 부분을 채워줘야 한다. 특히 평소 습관대로 캘린더에 일정을 만드는 것을 깜빡할 확률이 높기 때문에 관리자들이 캘린더 일정 생성 습관을 잘 이끌어줘야 한다.

인사 총무 등 백오피스 분야에서는 회사 인트라넷을 [사이트 도구]를 이용해 자체적으로 구축해 운영하도록 이끈다. 백오피스 분야 직원에게는 사진 슬라이드쇼 만들기, 동영상 붙이기, 프레젠테이션 사이트에 붙이기 등 멀티미디어를 활용하는 방법을 추가로 교육해야 한다. 인사 총무파트에서는 전자결재 등 [구글 앱스] 응용 프로그램을 사용하는 방법을 추가로 교육해야 한다.

영업 마케팅 분야에서는 신상품 이벤트 등에 필요한 콘텐츠를 직접 만들고 [사이트 도구]를 이용해 웹사이트를 꾸며 운영하도록 이끈다. 영업 마케팅 분야에서는 [양식]을 제대로 활용해야 업무에 제대로 도움을 받을 수 있다. 또 영업 마케팅 분야에서는 수집한 고객정보를 바탕으로 이메일 뉴스레터를 발송하거나, 이벤트 행사를 진행할 때 필요한 응용 프로그램을 활용하는 교육을 실시한다.

4단계. 확장

[구글 앱스]를 사용하면서 좋았던 점, 불편한 점 등을 실시간 피드백을 받고 또 수시로 토론을 하도록 한다. 각자 현업에서 스스로 솔루션을 만들어 사용하면서 겪었던 시행착오를 함께 나누면 회사 전체 클라우드 지능이 크게 높아진다.

To Be World's Best Googler

부록 4

기존 IT시스템을 사용하고 있는 회사는 자기관리 교육부터

　신생기업을 제외한 기존 기업들은 이미 오래 전부터 여러가지 IT 시스템을 도입해 사용하고 있다. 이런 시스템을 레가시 시스템legacy system이라고 부르는데, 새로운 클라우드 시스템을 도입하는 결정적인 걸림돌로 존재한다.

　아마 상당수의 중소기업 경영자들은 클라우드 컴퓨팅을 이해하면 할수록 도입에 대한 강렬한 열망을 갖게 될 것이다. 하지만 내부 상황을 점검해보면, 첫걸음조차 떼기 힘들 정도로 난관이 있거나 내부 저항이 심할 것이다. 특히 회사 내 IT관리 부서가 클라우드 도입에 부정적인 태도를 보일 가능성이 가장 높다. 하지만 더 큰 저항은 PC용 오피스 프로그램에 적응해 있는 소속원들로부터 나올 것이다. 소속원들은 아마도 PC용 오피스 프로그램을 온라인 오피스 또는 웹오피스로 대체하는 것을 해가 서쪽에서 뜨는 것과 같은 환경 변화로 느낄 것이다. 따라서 기존 기업은 클라우드 도입 전략을 다음과 같이 세심하게 짜야 한다.

1단계는 역시 세팅이다.

중소기업 규모에서는 회사에서 사용하는 인트라넷의 기본 요소를 클라우드 시스템으로 전환하는 것을 추천한다. 인트라넷은 이메일을 기본으로 사내게시판, 전자결재, 사내주소록, 일정 등으로 구성된다. 1단계 세팅 단계에서 회사가 사용하는 이메일 주소를 그대로 사용하면서 백엔드 시스템만 [구글 앱스]의 이메일 시스템으로 대체한다. 대부분의 회사가 웹 메일 서비스를 빌려 사용하거나, 내부 시스템에 붙여 사용하기 때문에 이메일 시스템 전환은 그리 어렵지 않게 진행할 수 있다.

2단계는 역시 교육이다. 교육은 기본교육과 기능교육으로 나뉜다.

첫째, 기본교육. [구글 앱스]를 세팅하면 사실 이메일뿐 아니라 [구글 앱스]의 여러 요소를 모두 사용할 수 있다. 하지만 소속원들의 습관을 바꾸기 위해서 섣불리 [구글 앱스]의 모든 요소를 교육시키는 것은 그리 바람직하지 않다. 따라서 이메일을 중심으로 주소록, 캘린더, 할일 목록 등 자기관리에 초점을 맞춘 교육을 실시한다. 특히 스마트폰을 활용한 자기관리 교육을 실시하면 효과를 극대화할 수 있다.

모든 직장인들이 주소록을 통한 인맥관리에 갈증을 느끼고 있으므로, 명함스캐너와 스마트폰 등 보조도구를 활용하여 주소록을 관리하는 노하우를 잘 교육시키면 만족감을 표시할 것이다. 앞서 소개한 대로, 인사

총무파트에서 사내주소록, 핵심 파트너 주소록 등 공동주소록을 만들어 공유해주면 주소록의 위력을 실감할 것이다.

두번째 자기관리를 위한 교육의 포인트는 캘린더 활용 교육이다. 앞서 강조했듯이 회사의 모든 공식일정을 만들어 소속원들과 공유하는 것부터 시작한다. 특히 소속원들의 주소록에 휴대전화 번호를 입력해, 회사의 공식일정을 스마트폰으로 미리 알려주는 기능을 잘 활용하면 효과적이다.

기본교육에서 세심하게 정성을 쏟아야 할 것은 회사 소속원들의 공동정보인 공동주소록과 공식일정을 소속원들과 공유하고 수시로 업데이트해주는 것이다. 이는 소속원들의 클라우드 컴퓨팅의 매력을 자연스럽게 느끼도록 하기 위한 방편이다.

둘째, 기능교육. 클라우드 컴퓨팅의 장점을 제대로 활용하기 위한 기본 교육은 역시 웹오피스 교육이다. 돌파하기 가장 어려운 과제이면서 반드시 돌파해야 할 과제이기도 하다. 신생회사라면 과감하게 웹오피스를 통해 웬만한 자료 작성 작업을 처리할 것을 권유하지만, 기존 회사에서 지금까지 사용하고 있는 오피스 프로그램을 웹오피스로 대체하기가 쉽지 않다. 하지만 웹오피스로 전환하지 않고 협업, 스마트 워킹, 디지털 아카이빙 등 원하는 효과를 거두는 것 역시 거의 불가능하기 때문에 경영진이 오피스 도구 전환을 잘 짜서 단계적으로 잘 추진해야 한다.

먼저, 팀 단위 협업과제를 웹오피스를 통해 수행하는 시나리오를 갖고 [구글 문서도구] 교육을 실시한다. 팀 업무 매뉴얼 만들기, 외국 자료 번역, 외부 제안 문서 만들기 등이 협업과제의 사례들이다. 즉, 반드시 여러 사람이 참여해야만 완성할 수 있는 자료를 [구글 문서도구]를 이용해 만드는 교육을 실시하면 웹오피스의 장점을 자연스럽게 받아들일 수 있다.

두번째 단계에서는 최고 경영진이 웹오피스를 사용하는 시나리오다. 즉, 최고 경영진이 웹오피스를 사용해 자료를 만들어 다른 임직원들과 그 자료를 온라인에서 공유하면서 함께 작업하는 것이다. 예를 들어 회사 정기 워크샵 계획을 온라인 문서로 생성하고, 이 문서에 최고 경영진이 수시로 접속하여 자신의 의견을 덧붙이거나 내용을 수정하는 방식으로 솔선수범하면 수동적인 임직원들의 참여를 이끌어낼 수 있다.

세번째 시나리오는 '1월 1일부터 전면 웹오피스로 전환한다'는 식으로 D-Day를 정해서 전면적으로 도구를 전환하는 것이다. 물론 팀별 협업과제를 웹오피스로 생산하는 훈련을 충분히 실시한 다음에 일괄 전환 시나리오를 가동해야 한다. 웹오피스 사용훈련은 짧게 3개월에서 6개월 정도면 충분하다.

이미 다른 IT시스템을 사용하고 있는 중소기업들이 이메일을 통한 자기관리, 팀별 협업과제 수용을 통한 웹오피스 활용 단계를 넘어서면, 클라우드 컴퓨팅 시스템을 회사 전면에 도입할 수 있는 단계에 진입한 것이다. 이 단계부터는 현업에서 클라우드 활용 교육을 실시하고, 회사 사정에 맞는 각종 응용 솔루션을 온라인에서 구매하거나 자체개발하여 사용하기 시작한다. 그린 단계에 접어들면 직장인들은 일과중에 깔끔하게 자기 일을 마무리할 수 있고, 경영자들은 골치 아픈 IT 관리 업무에서 해방되어 본래 업무에 집중할 수 있다.

부록 5. 용어정리

독자의 이해를 돕기 위해 책에 등장하는 각종 용어의 개념을 정리했다. 예컨대 '구글 문서'와 [구글 문서도구]는 서로 다른 뜻이다. '구글 문서'는 마이크로소프트사의 워드와 한글과컴퓨터사의 아래아한글과 같은 워드프로세서와 비슷한 기능을 제공하고 [문서도구]는 워드, 엑셀, 파워포인트 등 마이크로소프트 오피스처럼 다양한 기능을 한데 묶은 것을 뜻한다.

구분	용어	설명	유사 서비스	비고
구글 앱스 제품 Google Apps Solutions	구글 앱스 비즈니스용 Google Apps for Business 무료 평가판	10명 이하 사용자에 대해 30일간 무료		기간이 만료된 후에 계정을 취소하거나 비즈니스용으로 업드레이드
	구글 앱스 비즈니스용 Google Apps for Business	연간 사용자당 50달러	마이크로소프트 Azure LGU+그룹웨어	
	구글앱스 교육용 Google Apps for Education	무료		
구글 앱스 Google Apps	구글 플러스 Google+	소셜 네트워크 서비스	페이스북 facebook 야머 Yammer	• 행아웃(hang-out)은 화상채팅기능 제공 • plus.google.com
	검색 Search	검색 기능		
	이미지 Images	이미지 검색 기능		
	메일 Mail	웹메일 기능		gmail.com
	드라이브 Drive	문서/프레젠테이션/스프레드시트 등 각종 자료 파일을 관리하는 문서함	• LGU+웹하드 서비스 • 아마존 S3	drive.google.com
	문서도구 Google Docs	문서, 스프레드시트, 프레젠테이션 등을 통칭하는 오피스 수트	• 마이크로소프트 오피스 Microsoft Office • 한글과컴퓨터 오피스	docs.google.com
	그룹스 Groups	온라인 토론 그룹 운영 기능		groups.google.com
	피카사 웹앨범 Picasa Web Albums	온라인 사진 관리 도구		picasaweb.google.com
	피카사 Picasa	사진 및 온라인 앨범을 관리하고 편집하는 데스크탑 프로그램		picasa.google.com

문서도구 Google Docs	문서 Documents	일반 용도의 문서 작성	마이크로소프트 워드 Microsoft Word	
	스프레드시트 Spreadsheet	수치 계산용 문서 작성	마이크로소프트 엑셀 Microsoft Excel	
	프레젠테이션 Presentation	발표용 자료나 강의안 작성	마이크로소프트 파워포인트 Microsoft Powerpoint	
	양식 Form	설문조사 등 사용자 응답 처리		
	그림 Drawing	도형 등을 이용한 이미지 그리기		
	폴더 Folder	문서를 분류	윈도우의 폴더 기능	
메일 Mail	편지쓰기 Compose	편지 작성	마이크로소프트 아웃룩 Microsoft Outlook	gmail.com
	주소록 Contacts	주소록 관리		
	할일목록 Tasks	할 일 목록 생성 및 관리		
구글 사이트도구 Sites	사이트 Site	사이트 도구로 만든 독립된 웹사이트		sites.google.com
	페이지 Page	사이트를 구성하는 개별 웹페이지		
	스크립트 Apps Scripts	템플릿 이외 기능을 개발할 때 사용하는 프로그래밍 언어		
구글 앱스 관리자 메뉴 Google Admin Control Panel	대쉬보드 Dashboard	도메인 상태를 확인하고 서비스를 관리하는 메뉴		google.com/a/ cpanel/도메인이름
	조직과 사용자 Organization & users	조직 트리 및 사용자 관리, 비밀번호 변경 등을 관리하는 메뉴		
	도메인 설정 Domain Settings	계정 정보, 도메인 이름, 접근 제어등을 관리하는 메뉴		
	구글 앱스 엔진 Google App Engine	구글에서 제공하는 애플리케이션 개발 플랫폼	웹호스팅 서비스와 비슷	
구글 앱스 마켓플레이스 Google Apps Marketplace		기업용 애플리케이션을 판매하고 살 수 있는 오픈 장터		google.com/ enterprise/ marketplace/

**구글을 가장
잘 쓰는
직장인 되기**
ⓒ우병현 2013

1판 1쇄 2013년 1월 31일
1판 8쇄 2019년 1월 14일

지은이 우병현
펴낸이 황상욱

기획 고아라 **편집** 고아라 황상욱 **디자인** 백주영
마케팅 최향모 이지민
제작 강신은 김동욱 임현식 **제작처** 미광원색사(인쇄) 중앙제책사(제본)

펴낸곳 (주)휴먼큐브
출판등록 2015년 7월 24일 제406-2015-000096호
주소 10881 경기도 파주시 회동길 455-3 3층
문의전화 031-8071-8685(편집) 031-8071-8670(마케팅) **팩스** 031-8071-8672
전자우편 forviya@munhak.com

ISBN 978-89-546-2038-3 03320

- (주)휴먼큐브는 (주)문학동네 출판그룹의 계열사입니다. 이 책의 판권은 지은이와 휴먼큐브에 있습니다.
- 이 책 내용의 전부 또는 일부를 재사용하려면 반드시 양측의 서면동의를 받아야 합니다.

트위터 @humancube44 **페이스북** www.facebook.com/humancube44